AF325651

De V. 2722.
12.

25703

REFLEXIONS

SUR LES AVANTAGES,

DE LA

LIBRE FABRICATION

ET DE L'USAGE

DES TOILES PEINTES

EN FRANCE.

REFLEXIONS

SUR LES AVANTAGES

DE LA

LIBRE FABRICATION

ET DE L'USAGE

DES TOILES PEINTES

EN FRANCE;

POUR servir de réponse aux divers Mémoires des Fabriquans de Paris, Lyon, Tours, Rouen, &c. sur cette matiere.

A GENEVE;

Et se trouve

A Paris, chez DAMONNEVILLE, Libraire, Quay des Augustins.

M. DCC. LVIII.

[Bibliothèque Nationale stamp]

AVERTISSEMENT.

ON trouvera dans ce petit Ouvrage des répétitions inutiles, des omissions considérables, & peut-être des négligences encore plus grandes ; on prie les Lecteurs de pardonner ces défauts au peu de tems qu'on a eu pour écrire ces Réflexions & les rendre publiques : l'attente d'une décision prochaine ne nous a pas permis d'y donner la derniere main.

TABLE
DES CHAPITRES.

ERRATA.

PAge 37. *ligne* 6. du xve siecle, *lisez* du xviij^e.

Pag. 60. *lig.* 9. tirer, *lisez* titre.

Pag. 63. *lig.* 9. depuis 1747, *lisez* en 1747.

Pag. 128. *lig.* 1. qu'elles n'augmentent, *lisez* qu'elle n'augmente.

Pag. 131. *lig.* 1. d'étoffes de soie, *lisez* d'étoffes.

BIBLIOTHEQUE IMPÉRIALE

REFLEXIONS

SUR LES AVANTAGES
DE LA
LIBRE FABRICATION
ET DE L'USAGE
DES TOILES PEINTES
EN FRANCE;

Pour servir de réponse aux divers Mémoires des Fabriquans de Paris, Lyon, Tours, Rouen, &c. sur cette matiere.

CHAPITRE PREMIER.

Introduction.

LA question que nous entreprenons de traiter s'agite aujourd'hui avec la plus grande chaleur ; tous les esprits en sont occupés. Le

A

projet de permettre la libre fabrication & l'ufage des Toiles peintes,
trouve des contradicteurs & des ap-
probateurs.

D'un côté on voit s'élever contre
ce projet la plus grande partie des
Marchands ; les députés des principales Manufactures du Royaume
font accourus, ont répandu avec af-
fectation une foule de Mémoires,
& ont fait retentir de leurs plaintes
la Ville, la Cour, & les Bureaux des
Miniftres.

D'un autre côté, des citoyens qui
ont réfléchi fur les principes du
Commerce, des Magiftrats qui en
ont fait l'étude de toute leur vie,
le cultivateur, le peuple, les bourgeois des villes, & les grands, enfin
tous ceux qui ne fabriquent & ne
vendent point d'étoffes de foie, de
laine, ou de coton (c'eft-à-dire la

plus grande partie de la Nation) de-
sireroient de voir s'établir en France
la fabrication & l'usage des Toiles
peintes.

Dans cette opposition de senti-
mens, nous ne dirons point que le
vœu général de la Nation, appuyé du
suffrage de beaucoup de gens éclairés, mériteroit plus de considération
que les plaintes des Marchands ; &
que ce principe seul devroit décider.
Nous entrerons dans la discussion la
plus exacte des raisons sur lesquelles
est établie l'utilité du projet en question: nous résoudrons toutes les difficultés qu'on y oppose ; & pour juger
avec plus de connoissance de cause,
nous ferons cet examen d'après plusieurs Mémoires importans qu'on
nous a communiqués, & d'après une
lecture réfléchie de tous ceux qu'ont
fait paroître depuis un an, & dans ces

derniers tems, les Marchands & Fabriquans des principales villes du Royaume.

Peut-être ce petit Ecrit fera-t-il la feule chofe qu'on oppofera à la foule des Mémoires dont ils ont inondé Paris; & il ne faut pas s'en étonner : il pouvoit fort bien arriver que toute cette queftion ne fût débattue que d'un côté, au-moins avec une certaine étendue. Les Marchands forment des corps de communautés ; ces communautés font fouvent unies d'intêrêt, comme dans l'affaire préfente ; elles ont des repréfentans, des députés qui peuvent dans tous les tems s'unir pour foûtenir la caufe commune, défendre les droits qu'on leur a accordés, fouvent au préjudice des autres ordres de citoïens, & en folliciter de nouveaux.

Mais fi les intérêts de ces communautés font opposés aux intérêts de la Nation ; fi les habitans de la campagne & le peuple fe voyent forcés par elles de fe vêtir & de fe nourrir plus chérement ; fi pour favorifer leurs entreprifes on donne une atteinte marquée à la liberté civile dont nous jouiffons fous un gouvernement doux & modéré : qui parlera pour ces citoïens, pour ces laboureurs, & pour ce peuple ? Le cultivateur ne fait pas qu'on agite une queftion qui le touche de très-près : le peuple fe plaint de la cherté des fubfiftances ; mais fes plaintes n'arrivent pas jufqu'au Miniftere, parce que les uns & les autres n'ont point de députés qui puiffent accourir à grands frais du fond de nos Provinces, & défendre leurs intérêts lorfqu'ils font attaqués ; ni perfonne qui par état préfente leurs

A iij

plaintes & fasse valoir leurs raisons.

C'est donc pour ne pas laisser sans défense le Peuple, les Cultivateurs, & la Nation presque entiere, dans l'instruction du procès qui pend au Conseil de Commerce, qu'on hasarde ces réflexions. De quelque maniere qu'elles soient reçûes, on peut protester avec vérité, que le seul amour du bien public les a dictées : si elles ne produisoient pas l'effet qu'on en espere, on se flate qu'elles seront peut-être utiles dans un autre tems, ou qu'elles serviront au-moins à faire voir que les véritables intérêts de notre Peuple & de notre Commerce ont trouvé des défenseurs contre les intérêts des Commerçans.

Cette opposition des intérêts du Commerce à ceux des Commerçans, est une espece de paradoxe que

j'avance à deffein , & que je dois
prouver avant d'entrer en matiere.
Il eft néceffaire pour la caufe que je
défens, de démontrer que cette oppofition n'eft fouvent que trop réelle , afin qu'on ne donne pas trop de
poids à l'unanimité des cris des Marchands qui font intervenus dans cette affaire , & qu'on n'imagine pas
fauffement que cette unanimité fuffit
pour décider la queftion en leur faveur.

Je remarquerai d'abord que fi les
intérêts des Marchands n'étoient pas
fouvent oppofés au bien général,
il ne faudroit point d'autres Tribu-
naux pour juger des grandes affai-
res du Commerce , que les Corps &
Communautés des grandes villes du
Royaume. Ainfi on auroit pû con-
fulter les Fabriquans d'étoffes de laine , les feuls qui exiftaffent dans le

Royaume avant l'introduction des étoffes de soie, pour apprendre si on devoit élever une Manufacture à Lyon ; on auroit consulté ceux de Lyon, pour apprendre si on devoit permettre de fabriquer des étoffes de soie à Tours ; ceux de Tours & de Lyon , pour décider de l'établissement de la Manufacture de Nîmes ; enfin les Fabriquans en soie & en laine , pour savoir s'il falloit laisser établir à Rouen les Cottonades & les Siamoises.

Il est cependant très-clair que si on eût pris cette route, nous n'aurions aujourd'hui ni étoffes de soie , ni étoffes de coton, &c. nos Manufactures & notre Commerce seroient encore dans le néant. La raison de cela est qu'il n'y a point de Manufacture nouvelle qui n'éprouve des oppositions à son établissement de la part des anciennes. Le Bureau & le Confeil du Commerce , formés de juges defintéreffés qui cherchent le bien général & non le bien de certains Corps & Communautés , l'intérêt du Commerce , & non l'intérêt des Commerçans , ont donc été très-fagement établis pour décider de cette partie de l'adminiftration ; & l'utilité & la néceffité de leur travail font entierement fondés fur ce principe , que l'intérêt des Marchands eft très-fréquemment oppofé aux intérêts de la Nation & du Commerce en général.

Mais voici quelques réflexions qui ne laifferont aucun doute fur ce fujet.

L'intérêt d'un Marchand en particulier eft de vendre feul ou avec le moins de concurrens qu'il eft poffible ; l'intérêt d'une Communauté

de Marchands eſt d'être la moins
nombreuſe qu'il eſt poſſible ; l'intérêt des Communautés nombreuſes
eſt qu'il ne s'en éleve point de nouvelles qui travaillent dans des genres ſemblables au leur ; & peut-être
l'intérêt de toutes les Communautés eſt-il qu'on n'en établiſſe point de
nouvelles, même de genres différens,
qui puiſſent attirer & partager avec
elles l'argent des conſommateurs.

Je demande ſi l'intérêt de la Nation & du Commerce en général,
n'eſt pas au contraire qu'il y ait
beaucoup de Marchands, qu'il s'é-
leve des Manufactures nouvelles,
que tous les genres d'induſtrie ſe
multiplient, autant que leur multiplication & le ſéjour des ouvriers
dans les grandes villes ne nuiſent
point à l'Agriculture.

L'intérêt des Marchands de toutes

les villes maritimes est qu'il n'y ait de Ports libres que ceux de leurs villes.

Je demande si l'intérêt de l'état n'est pas au contraire que tous nos Ports soient ouverts pour toutes les especes de Marchandises à exporter dans tous les tems & pour toutes les nations.

Si la moitié des Commerçans abandonnoit le Commerce, le reste y trouveroit ses intérêts.

Est-ce l'intérêt de la Nation & du Commerce en général, que la moitié des Commerçans quitte le Commerce? & pour sortir de l'exemple des Marchands d'étoffes, l'intérêt de ceux qui vendent les bleds, les denrées les plus nécessaires à la vie, n'est-il pas qu'ils soient en petit nombre, qu'ils ayent peu de concurrens? est-ce l'intérêt de l'état?

Voilà donc souvent en oppofition les intérêts du Commerce & les intérêts des Commerçans : d'où il fuit que les cris des Marchands , leurs Mémoires multipliés , & leur foûlevement général ne peuvent être d'aucun poids dans la queftion préfente ; & que quand tous les Marchands du Royaume trouveroient leur intérêt à empêcher l'établiffement des Manufactures de Toile peinte , il pourroit fort bien arriver que cet établiffement fût lié avec l'intérêt du Commerce en général.

Cependant , & je prie qu'on faffe attention à cette remarque , il ne faut pas croire que tous les Marchands qui font intervenus dans cette affaire y ayent quelque intérêt ; plufieurs ne peuvent fe diffimuler qu'ils n'y en ont d'aucune efpece. J'entens fe plaindre amèrement &

montrer la plus grande crainte du nouvel établissement, des gens à qui la prohibition ou la permission de fabriquer des Toiles peintes, est tout-à-fait indifférente. Tels sont, par exemple, les six Corps des Marchands de Paris.

Ces Messieurs voyent dans cette permission *la subversion totale de leurs Manufactures, l'oisiveté, la derniere misere, l'émigration, la mendicité, & le brigandage de leurs ouvriers, la cause de leurs banqueroutes ; enfin ils sont dévorés de mortelles inquiétudes, dans l'attente de la décision de cette grande affaire : ils arrosent le pied du Trône de leurs larmes, pour détourner un coup aussi funeste, &c.*

Sans doute qu'un intérêt bien pressant leur a dicté toute cette Rhétorique : voyons donc celui qu'ils peuvent y avoir. Ces six Corps sont les Orfévres , les Epiciers-Apoticaires , les Pelletiers , les Bonnetiers , les Drapiers , & les Merciers , auxquels on a joint les Marchands de vin & les Libraires.

La permiſſion de porter des Toiles peintes , n'intéreſſe pas les Orfévres , ni je crois les Epiciers & Apoticaires ; elle n'intéreſſe pas davantage les Bonnetiers , les Pelletiers , & encore moins les Marchands de vin & les Libraires.

Les draps ne peuvent être remplacés par les Toiles peintes ; & quant aux petites étoffes de laine que les Drapiers vendent , ils rentrent à cet égard dans la claſſe des Merciers , puiſqu'ils ne les fabriquent point. Reſtent les Merciers , qui vendent à la vérité les étoffes de toute eſpece manufacturées dans le Royaume : mais comme ils n'en fabriquent au-

cune, il leur est absolument égal
qu'on consomme telle ou telle étoffe : ils seront toujours sûrs de fournir aux besoins des Habitans de Paris ; & si ceux-ci s'habillent de Toiles peintes, ils en vendront comme
ils vendent la partie de soierie que
les Toiles remplaceroient. Le Mercier y gagneroit même par un côté,
puisque le commerce des Toiles lui
étant interdit aujourd'hui, le profit
en demeure à des Colporteurs & à
des Revendeuses à la toilette. Le véritable intérêt du Marchand Mercier
est donc que le Commerce des Toiles peintes soit entierement permis,
ou qu'on en empêche absolument
l'introduction & l'usage, & nous
convenons avec lui de la nécessité
de cette alternative ; mais le choix
entre l'un ou l'autre parti lui est
absolument indifférent.

Puis donc qu'il eſt de la plus grande évidence que les ſix Corps des Marchands ſont abſolument ſans intérêt dans cette affaire, il faut bien conclure que leur Requête & leurs plaintes ſont mendiées , & l'effet de leur complaiſance à ſe prêter aux mouvemens de ceux qui ont cherché à échauffer les eſprits , & à faire élever les voix de tous les côtés , pour en impoſer au Gouvernement par un prétendu cri public , & pour voiler leurs intérêts particuliers ſous les apparences du bien général.

On peut appliquer cette même remarque aux Mémoires des Mer-ciers-Drapiers unis de la ville de Rouen , qui n'ont pas un beaucoup plus grand intérêt à la déciſion de cette affaire , puiſque les Drapiers continueront de vendre leurs draps quoi qu'il arrive , & les Merciers pourront

pourront vendre de l'Indienne fi on en permet l'ufage & la fabrication.

Mais, dira-t-on, fi l'intérêt des fix Corps de Marchands de Paris, fi l'intérêt particulier des Merciers-Drapiers unis de la ville de Rouen ne fe trouve pas lié avec l'oppofition qu'ils font à l'établiffement des Manufactures de Toiles peintes, il femble qu'il en faut conclure que ces Meffieurs ne font animés que par la vûe du bien général.

La réponfe eft aifée. Si ces Corps avoient été pouffés par ce motif à préfenter des Mémoires multipliés, à envoyer des Députés, &c. ce feroit ce même motif qu'ils produiroient; ils citeroient le bien du Commerce en général, & ils feroient valoir le peu d'intérêt qu'ils ont à cette affaire pour appuyer leurs follicitations : mais c'eft ce qu'ils ne font

point ; c'eſt le bien de leur commerce en particulier qu'ils prétendent
défendre ; ils parlent de leurs ouvriers, de leurs familles, de leurs
banqueroutes ; c'eſt eux - mêmes,
c'eſt-à-dire les Apothicaires, les Or-
fevres, les Pelletiers, *&c.* les Merciers qui ſont ruinés, ſi on accorde
la libre fabrication. N'eſt-ce pas-là
vouloir donner le change & groſſir
mal-à-propos le prétendu tort des
Toiles peintes?

Cela poſé, on conçoit que les
cauſes de ce ſoulevement ne ſont ni
le motif de l'intérêt particulier pour
toutes les Communautés qui inter-
viennent, ni le motif du bien général pour aucune ; mais c'eſt l'effet
de l'allarme qu'on a répandue avec
affeſtation, & d'une eſpece de liai-
ſon qu'on a formée, & qui a eu le
tems de s'établir pendant les délais

qui ont retardé la décision de cette affaire.

Voilà les vraies causes de cette commotion, qui ne seroit pas à beaucoup près si grande sans cela. Mais quelle qu'elle soit, on peut encore décider avec sagesse, & faire obéir avec fermeté.

CHAPITRE II.

La langueur du Commerce en France faussement attribuée à l'usage des Toiles.

MEssieurs les Fabriquans de Paris, de Lyon, de Tours, &c. exposent très-pathétiquement l'état malheureux de leurs Manufactures. Les Marchands de Paris nous représentent *les bons Citoyens effrayés, les riches Négocians ruinés, les Fabriques*

defertes , les ouvriers fuyant dans d'au-
tres contrées , & le Commerce abîmé pour
jamais. Ceux de Tours vont jufqu'à
donner année par année , depuis
1754 jufqu'en 1758 , la diminution
fucceffive du nombre des moulins
à foie , des métiers-battans , & des
pieces fabriquées. Les Fabriquans
de Lyon nous font une peinture auffi
trifte de l'état de leurs Fabriques.

Ce tableau fans doute eft affligeant , & je fuis fenfible autant que
perfonne à l'état fâcheux de mes
Concitoyens ; mais il ne faut pas
que l'attendriffement que nous devons à leur malheur nous faffe prendre le change dans la queftion que
nous traitons ; il faut examiner fi la
véritable caufe de la décadence de
notre Commerce eft l'ufage des
Toiles peintes. Voici fur cela quelques réflexions.

1°. Notre commerce maritime a été fatigué dès 1755 par les Anglois. Depuis ce tems tout le monde sait que notre Navigation marchande a beaucoup souffert, & est aujourd'hui presqu'entierement interrompue. L'impossibilité d'approvisionner nos Colonies à cause des dangers de la navigation, assez prouvés par la cherté des assûrances qui sont de 50 à 55 pour 100; le défaut d'exportation qui s'en est suivi joint aux pertes qu'on avoit déjà faites : toutes ces causes ont sans doute amené la décadence de notre Commerce.

2°. La guerre est en Allemagne depuis près de trois ans, & on sait que l'Allemagne est le grand débouché de nos étoffes de soie. L'époque de l'invasion de la Saxe nous a fermé la foire de Leipsik. Leipsik doit à Lyon, au tems où je parle, plus de trois millions ; & outre les dettes positives, si on compte tout ce qui s'est consommé de moins en étoffes de luxe dans un pays que la guerre ravage, on conviendra que c'est-là encore une cause bien considérable de décadence dans notre Commerce.

3°. Il faut ajouter à cette perte que font nos Manufactures par le défaut d'exportations, celle qui résulte pour elles d'un défaut de consommation dans l'intérieur, & qui prend sa source dans des causes bien différentes de l'usage des Toiles peintes. On sent bien que nos Militaires, leurs femmes & leurs enfans n'occupent pas beaucoup nos ouvriers en soie. Cette œconomie s'étend par une liaison nécessaire, aux Citoyens de tous les états ; la guerre emportant au - dehors une grande quantité d'especes , fait resserrer celles qui sont au-dedans , rend tous les Citoyens plus circonspects dans leurs dépenses, plus œconomes dans leurs habillemens , *&c.* à quoi il faut ajouter l'augmentation des subsides & des charges de l'Etat, les emprunts , l'état des finances , *&c.*

4°. Toutes ces causes sont celles du moment : mais il y en a d'autres dont l'effet préparé depuis quelques années , devient plus sensible pour nous , & agit plus fortement dans les circonstances présentes. Les Manufactures d'Espagne se sont considérablement augmentées. La mer est couverte de vaisseaux espagnols ; leurs ports sont ouverts à toutes les Nations , & ceux de toutes les Nations leur sont ouverts. Notre Commerce diminue de tous ce qu'ils cessent d'acheter de nous , & de tout ce qu'ils fabriquent eux-mêmes. Depuis quelques années on a élevé des Manufactures dans les pays héréditaires, & on y interdit successivement l'entrée de nos étoffes, à mesure qu'on parvient à y en fabriquer de semblables. Peut-on nier que l'élévation de ces Manufactures rivales des nôtres, ne leur soit infiniment nuisible ?

Je ne m'arrêterai pas à assigner plusieurs autres causes, qui ont dû influer à la longue sur l'état de notre Commerce, & qu'on ne peut pas méconnoître ; l'établissement & les privileges exclusifs des Communautés, la cherté des maîtrises, la longueur des apprentissages, l'industrie gênée en mille manieres, presque tout le commerce arraché aux campagnes, où la main-d'œuvre pourroit être à meilleur marché, & rapproché

ché ou même renfermé dans les grandes villes, *&c.* ou dans des cercles
étroits formés par l'établissement des
bureaux de marque, qui empêchent
les Manufacturiers de s'étendre loin
des lieux où font placés les bureaux,
&c.

Toutes ces caufes font fans doute
celles qui ont entraîné la décadence
de notre Commerce. C'eft l'effet
qu'elles ont produit dans tous les
tems & chez toutes les Nations :
n'eft-il pas ridicule de vouloir nous
les diffimuler, & d'entreprendre de
nous faire croire que c'eft l'ufage des
Toiles peintes qui a fait tout le mal ?

Si le Continent étant en pleine
paix, la mer étant libre à nos vaif-
feaux, on voyoit les travaux diminuer dans nos Manufactures, & les
marchandifes demeurer invendues,
on feroit peut-être excufable d'at-

tribuer cette diminution aux importations des étoffes étrangeres, quoiqu'il y eût encore beaucoup d'autres caufes à rechercher avant celle-
là : mais faire fonner bien haut cette
importation, qui eft bornée par fa
nature, qui eft établie depuis plus
de vingt ans, &c. & paffer fous fi-
lence la guerre fur mer & fur terre,
l'état des finances, le défaut d'exportations, &c. eft-ce de l'ignorance
ou de la mauvaife foi ?

Certainement l'ufage de la Toile
peinte eft très-commun en France
depuis vingt ans. Depuis cette époque, fans remonter plus haut, la
contrebande s'en eft faite conftamment & par toutes les frontieres du
Royaume : on a vû néanmoins pendant cette fuite d'années le Commerce en général, & en particulier
celui des étoffes de foie, dans un

état très-brillant ; & pour citer des faits plus voisins de nous, après la paix de 1748, la Manufacture de Lyon en 49, 50, 51, 52, *&c.* a été plus florissante que jamais ; les Fabriques de Cotonnades & Siamoises ont pris aussi de grands accroissemens. Dira-t-on que l'usage des Toiles peintes étoit interrompu pendant ce tems-là ? Il étoit au contraire plus étendu que jamais : c'est un fait qui a été sous les yeux de tout le monde. On ne sauroit donc attribuer à l'usage des Toiles peintes la décadence des étoffes nationales.

En un mot si ces Toiles étoient la véritable & la principale cause du dépérissement de nos Manufactures, on ne verroit pas d'un côté l'état de ces Manufactures varier continuellement, & de l'autre l'usage de la Toile peinte se soutenir toujours à-peu-près avec la même étendue de confommation.

Les Marchands de Tours qui calculent avec tant de précifion qu'en quatre ans de tems les moulins à foie ont été réduits de 100 à 25 , & le nombre des pieces fabriquées de 9200 à 3940, oferoient-ils nous affurer qu'il s'eft confommé en 1757 trois & quatre fois plus de Toiles peintes qu'en 1754 ? Si la confommation en a été dans les derniers tems un peu plus confidérable , il feroit ridicule de prétendre qu'elle a augmenté dans cette proportion.

J'ajoûte que s'il faut s'en prendre à l'ufage de la Toile peinte des maux que fouffre le Commerce, des banqueroutes qui arrivent , &c. fans doute que cet ufage n'a nui, au-moins très-fortement , qu'aux Manufactures dont les ouvrages peuvent être remplacés par les toiles, comme les étoffes de soie & celles de laine, les Cotonnades & Siamoises.

Or c'est ce qui n'est pas. Toutes les parties du Commerce souffrent, & souffrent également. Les Toiles peintes ne peuvent pas être substituées aux draps. On ne fait pas des bas, des rubans, des chemises de Toile peinte ; cependant le commerce des draps, des bas, des rubans, des toiles, *&c.* est dans une situation aussi peu avantageuse. Les Négocians en ce genre de marchandises font banqueroute comme les Fabriquans de Lyon & de Tours. Il faut donc chercher la cause de ces effets fâcheux ailleurs que dans l'usage de la Toile peinte ; & c'est ce que je me proposois de prouver.

CHAPITRE III.

Impossibilité d'empêcher l'introduction & l'usage des Toiles peintes.

NOus avons fait voir que la diminution de notre Commerce ne sauroit être attribuée avec quelque fondement à l'introduction & à l'usage des Toiles peintes ; cependant il ne faut pas croire que cette vérité soit bien essentielle à la question que nous traitons. En effet il ne suffiroit pas pour autoriser la prohibition, de constater que le port des toiles est un abus nuisible à nos Manufactures : quand cet abus feroit encore cent fois plus de mal, il faudroit qu'il fût possible de le corriger, sans quoi toutes les plaintes qu'on pourra faire seront inutiles.

Or l'état des choses est tel , qu'on doit regarder comme impraticable dans l'exécution le projet d'empêcher en France l'introduction & l'usage des Toiles peintes.

La chose est évidente tant pour l'introduction que pour l'usage , par l'inutilité des Loix qu'on a déjà portées à ce sujet. Les Marchands nous fournissent eux-mêmes cette preuve. Ceux de Paris rapportent les Arrêts de 1716 , 1717 , 1721 , 1726 , 1730 , 1736 , 1748. Une autre piece sur la même matiere donne une liste de 71 Arrêts , Edits ou Déclarations, contre l'introduction & l'usage des Toiles peintes, imprimées , & de toutes étoffes étrangeres. Or la multiplicité même de ces Loix prouve qu'on n'a jamais pû les faire observer. Les préambules de chacun de ces Arrêts rappellent l'inexécution des

C iiij

précédens. Qu'on nous dife pourquoi la Loi qu'on propofe de faire
fera mieux obfervée que celles qu'on
a déjà faites ? pourquoi le foixante-
douzieme Arrêt fera mieux exécuté
que les autres ? Après tout nous vi-
vons dans un Etat où communément
les Loix font plus refpectées , & fur-
tout les Loix pénales mieux exécutées. Il faut bien que ce mépris &
cette inobfervation viennent de caufes particulieres dont on ne peut pas
empêcher l'action.

Pour l'introduction en particulier,
je trouve ces caufes dont on ne peut
pas arrêter l'action , & j'en tire une
preuve de l'impoffibilité de mettre
à exécution la Loi prohibitive. Ces
caufes font l'intérêt particulier , &
l'amour du gain pour ceux qui vio-
lent la Loi. Il y a beaucoup à gagner
à tirer des Toiles peintes de Geneve

& de Savoie , d'Angleterre & de
Hollande , pour les introduire en
France. Un Laboureur qui gagne à
peine douze fols par jour , eft tenté
continuellement de faire la contrebande, qui lui vaut fix livres & plus.
Peut - on fe flatter qu'on empêchera conftamment plufieurs milliers
d'hommes de chercher leur intérêt
particulier ?

Ajoutons que c'eft une chofe claire , & dont les Fabriquans eux-mêmes conviennent , qu'à moins qu'on
n'empêche le port & ufage des Toiles, il fera impoffible d'en empêcher
l'introduction ; y eût - il cinquante
mille Commis de plus , on importera
des toiles en France fi elles s'y achetent : de là il fuit qu'en prouvant ,
comme nous allons le faire tout-à-
l'heure , l'impoffibilité d'en empêcher l'ufage , nous aurons démontré

l'impoſſibilité d'en empêcher l'introduction.

Mais encore ne pourroit-on pas
trouver des moyens pour empêcher
cette introduction, plus efficaces que
ceux qu'on a employés juſqu'ici ?
Ne pourroit-on pas multiplier les
Commis & augmenter la févérité
des peines, ou au-moins les exécuter à la derniere rigueur ? Je répons :

La multiplication des Commis eſt
un moyen dont l'expérience démon-
tre tous les jours l'inutilité ; on les a
déjà multipliés ſi ſouvent ; il y en a
une armée ſur nos frontieres dans
tous les tems entretenue aux dépens
du Commerce même, puiſqu'elle eſt
payée par les Fermiers généraux,
& la contrebande ne s'en fait pas
moins. Le Directeur d'un Bureau
ſur la frontiere attribue l'exceſſive

contrebande qui se fait dans son dé-
partement voisin des montagnes, à
ce qu'il ne peut pas garder tous les
postes, n'ayant de ce côté-là que
trois cents hommes; il prétend qu'il
lui en faudroit douze cents, & qu'il
ne peut pas se passer au-moins de
huit cents vingt-quatre, suivant un
état qu'il a envoyé. Je crois que cet
homme se trompe encore : avec ses
huit cents vingt-quatre commis il
n'empêcheroit pas la contrebande,
parce qu'il y auroit toujours beaucoup à gagner en la faisant, parce
que sur mille contrevenans on n'en
saisira pas dix, & que la punition de
ceux qu'on saisira n'arrêtera pas les
autres. Que faudra-t-il donc faire ?
employer la moitié de la Nation à
veiller sur l'autre : mais songe-t-on
que ce remede seroit pire que le
mal ?

Reste donc qu'on augmente la sévérité des peines, ou qu'on les exé-
cute avec plus de rigueur & d'exactitude.

Mais en vérité les hommes seront
bien vils à nos yeux, si nous pouvons les voir avec indifférence perdre la vie & la liberté pour des fau-
tes de cette espece ? *Nos hommes,*
selon une réflexion que je trouve
dans l'*Examen sur la prohibition des
Toiles peintes, nos hommes sont-ils
donc faits pour être sacrifiés à nos Manufactures ? & ce que l'industrie a produit pour leur avantage & leur bien-
être, doit-il servir de prétexte à leur
destruction ?* Ne doit donc pas trouver
étrange qu'un ordre de citoyens,
d'ailleurs respectable, sollicite contre des François les peines terribles
des galeres & de la mort, & cela
pour des raisons d'intérêt ? Nos ne-

veux pourront - ils croire que nous
soyons effectivement une nation
douce & aussi éclairée que nous
nous vantons de l'être, lorsqu'ils li-
ront qu'au milieu du XVe siecle
on pendoit encore un homme en
France, pour avoir acheté à Genè-
ve à 22 f. ce qu'il pouvoit vendre
58 à Grenoble ? pourront-ils croire
qu'on ait présenté à des hommes,
souvent dans l'indigence, une tentation aussi puissante que celle du
gain, & qu'on les ait punis aussi sé-
verement lorsqu'ils y succomboient?
Car cette tentation on la leur présente, puisque c'est la défense même
qui augmente leur gain, le prix, &
peut-être le goût des étoffes prohibées : de sorte que le profit augmente en même raison que la sévérité
des peines.

Enfin il est si vrai que la multipli-

cation des Commis, & la févérité,
pour ne pas dire la cruauté des peines, ne font d'aucune utilité pour
l'objet qu'on fe propofe, qu'après
toutes les précautions, après les exé-
cutions des Chambres de Valence,
de Saumur, & de Rheims, faites
avec le plus grand appareil, il n'y
a l'année fuivante ni moins de Contrebandiers ni moins de contrebande faite, ni moins d'Indienne & de
Perfe dans le Commerce.

Mais s'il eft impoffible d'empêcher l'introduction des Toiles peintes, j'ajoûte qu'il eft également impoffible d'en empêcher l'ufage.

1°. La loi qui les défendroit, pour
produire cet effet, devroit être obfervée par les citoyens de tous les
ordres & de tous les états : pour cela, il faudroit l'exécuter vis-à-vis
des gens riches & qualifiés, avec la

même sévérité que vis-à-vis du commun des citoyens & du peuple ; or c'est ce qui n'est pas praticable. On ne saisira point une Duchesse dans son carrosse, ni l'Epouse d'un Fermier général. Et quand on parviendroit à empêcher ces personnes de porter des robes peintes hors de leurs maisons, on ne pourra jamais les empêcher d'en avoir dans leur deshabillé, d'en meubler leurs appartemens à la ville & à la campagne ; & je ne serois point étonné de voir les Ministres délibérer sur la matiere que je traite ici, dans un appartement meublé de Perse ou d'Angleterre : je défie les Fabriquans de trouver un remede à cela.

2°. Pour savoir si l'exécution de cette loi est praticable, même vis-à-vis du bourgeois & du peuple, on n'a qu'à consulter, non pas les Fa-

briquans, qui croiront poffible tout
ce que leur intérêt leur fait defirer,
mais les perfonnes publiques chargées de l'adminiftration de la police
dans les grandes villes du Royaume;
leur avis décidera cette queftion.
On en a confulté plufieurs, dont le
fentiment eft que les voies par lef-
quelles on pourroit affûrer l'exécution de cette loi, font odieufes &
impraticables.

3°. On convient que les peines
font néceffaires pour faire obferver
la défenfe en queftion. Or je remarque que, ou les peines feront lege-
res, & elles n'arrêteront perfonne;
ou elles feront féveres, & alors elles
feront cruelles & demeureront fans
exécution. On aura beau raifonner
fur cette matiere, & prouver, s'il
eft poffible, que le port des Toiles
peintes eft un grand mal pour le

Commerce,

Commerce, on n'accoûtumera jamais les citoyens à voir fans indi-
gnation un malheureux envoyé aux
galeres, ou une famille ruinée pour
une piece d'Indienne. Les perfonnes mêmes chargées de décerner ces
peines ne les prononceront qu'à re-
gret, & feront fouvent céder la rigueur de la loi au fentiment de com-
mifération dont ils feront faifis : &
formât-on un Tribunal de Fabriquans, pour juger fans pitié les cou-
pables, ces Meffieurs n'exerceroient
pas leurs fonctions avec la févérité
qu'ils ofent demander aux autres Juges. Quand les peines ne font pas
proportionnées à la grandeur du délit, loin de faire refpecter les loix,
elles les font haïr ; ce qui eft un
grand mal, & ce qui les fait bien-tôt
violer.

4°. Si on veut faire un peu d'attention aux principales caufes du goût qu'on a pour les Toiles peintes, on verra qu'elles font de nature à ne pouvoir pas être vaincues par l'autorité des loix ; je n'en affignerai ici que deux, le bon marché, & l'empire de la mode.

Quant au bon marché, c'eft une vérité conftatée par l'expérience de toutes les nations, qu'il force toutes les barrieres. On n'empêchera jamais de meubler les maifons de Toiles peintes, fi les Toiles peintes font à meilleur marché, toutes chofes à-peu-près égales, que les étoffes nationales.

Pour l'empire de la mode, on fait combien il eft puiffant, fur-tout lorfqu'il eft appuyé de l'exemple des grands. Cette mode prefcrit d'avoir une robe de Perfe ; les femmes de la Cour en ont, il faut bien que toutes en ayent : & il n'y a point de femmes de ces Fabriquans qui crient si fort contre les Toiles, chez qui on n'en trouvât plus d'un meuble & plus d'une robe.

Les Fabriquans de la ville de Paris sentent toute l'influence de cette cause sur le débit des Toiles peintes ; il est bon de les entendre là-dessus. *Un goût frivole & ridicule*, disent-ils, *qui a dégénéré en frénésie, en a prescrit l'usage* (de la Toile peinte) *aux personnes de tout étage & de toute condition. On sait*, ajoutent-ils agréablement, *quel est l'empire de la mode ; accréditée par un sexe souvent trop sensible à ses agrémens, elle exerce un pouvoir tyrannique auquel tout doit céder.*

Je remarque qu'il est bien étrange que des Fabriquans combattent la mode dont ils tirent les plus grands avantages, qui pique le goût des confommateurs, & qui donne la vie à leurs Fabriques par la variété & l'abondance de fes productions. Eft-ce à eux à la régler? leur unique affaire n'eft-elle pas de s'y conformer? ne leur eft-il pas égal que nos vêtemens foient de bon ou de mauvais goût, pourvû qu'ils les fabriquent & qu'ils les vendent? S'il nous plaifoit de leur demander des étoffes bifarres & ridicules, d'y faire deffiner des diables & des flammes, comme fur les *fan-benito* des criminels, dans les proceffions des *auto-da-fé*, & qui font d'affez mauvais goût, ne faudroit-il pas qu'ils nous eu fiffent faire? *Le Commerce*, dit Child, *eft autant fondé fur les fantaifies que fur les befoins*. D'où il fuit qu'il eft ridicule à un Commerçant de fronder les fantaifies.

Ajoûtons que c'est une démarche peu raisonnable de la part des Fabriquans, d'implorer contre le goût des femmes le secours du Gouvernement. Je leur conseille aussi de solliciter des Arrêts du Conseil, qui ordonnent à nos Dames de se vêtir des étoffes que les Communautés assemblées auront jugées les plus jolies.

Voyons si les Fabriquans nous fourniront des moyens plus efficaces pour empêcher le port & l'usage des Toiles peintes, que ceux qu'ils nous ont indiqués pour en empêcher l'introduction, & sur-tout si les moyens qu'ils proposent sont praticables.

Les Marchands Merciers - Drapiers & Corps unis de la ville de Rouen, ont senti la difficulté de l'entreprise. *Faut-il renouveller*, disent-

ils, *les loix, pour apprendre au Public
à préférer les avantages de la Patrie à
ceux des Etrangers ? non :* que prétendent-ils donc faire ? *ils esperent
que le Public pénétré de leurs raisons,
quittera de lui-même cette mode.*

Je suis fâché de leur annoncer
qu'ils seront trompés dans leur espérance. Que le port des Toiles
peintes soit ou non contraire au bien
du Commerce, c'est ce qui est parfaitement égal à la plus grande partie des hommes. C'est sans doute un
grand mal qu'il y ait des gens qui
préferent leur intérêt particulier au
bien public ; mais c'est un mal qu'on
n'empêchera jamais. Cela est ainsi
sur toute la surface de la Terre : on
ne doit pas attendre des hommes
plus de vertu qu'ils n'en ont. Le
Marchand le plus honnête travaille
pour son intérêt particulier d'abord

& de préférence au bien public ; &
le Fabriquant de Paris , de Tours ,
de Rouen , *&c.* est animé par ce motif tout aussi fortement que celui qui
vend & qui employe de l'Indienne.
Les loix doivent supposer les hommes ainsi faits , & attendre le bien
général des efforts que les hommes
font pour parvenir à leur bien particulier.

Dans d'autres Mémoires, on propose de renouveller les loix & de
les afficher tous les six mois.

Ce moyen n'est pas nouveau ;
comme nous l'avons vû plus haut :
il n'y a point de loi qui ait été aussi
souvent renouvellée que celles qui
défendent l'introduction & le port
des Toiles peintes ; & il n'y en a
point aussi qui ait été aussi mal exécutée. Si on affichoit les Ordonnances
toutes les semaines , au lieu de les

afficher tous les six mois, les Toiles
peintes ne s'en vendroient que
mieux, parce que la loi n'en seroit
que plus méprisée, & qu'elle n'auroit d'autre effet que de fournir aux
gens qui les vendent, une raison de
plus pour les faire payer plus cher.
Cela est si vrai, qu'au bruit des
mouvemens qui se sont faits sur cette
matiere, les personnes qui ont des
parties considérables de Toile peinte, s'en sont réjouies, & ont desiré
de voir renouveller les défenses, dans
l'espérance que les Toiles se vendront mieux.

Les Fabriquans de Tours sont
plus décisifs & moins timides; ils
proposent d'autoriser les Gardes-Ju-
rés de toutes les Manufactures, à
faire des visites, dresser des Procès-
verbaux de contravention non sujets
à l'affirmation, ni à autres formali-
tés ;

tés ; & poursuivre la confiscation &
la condamnation à l'amende. Ils as-
sûrent au reste que *l'intérêt de leurs
Manufactures sera un sûr garant de
leur zele.* C'est à ces moyens que
s'arrêtent aussi la plûpart des autres
Mémoires.

Je remarque d'abord que ces Messieurs n'ont pas expliqué bien net-
tement s'il faut les autorifer à visiter
chez les particuliers qui useroient de
Toiles peintes pour leurs meubles &
leurs habillemens dans l'intérieur
des maisons ; ou s'ils ne pourront
saisir & faire condamner à l'amende
ces mêmes particuliers , que lorsqu'ils paroîtront en public avec des
habillemens de Toile peinte ou
d'étoffes étrangeres ; ni s'ils feront
leurs visites dans toutes les maisons,
sans distinction de l'état & de la qualité des personnes ; ni s'ils étendront

E

ces vifites jufqu'aux Palais des Prin-
ces & aux lieux qu'on appelle
exempts, à Verfailles au Château,
chez les Seigneurs de la Cour, &c.
Cependant comme il eft évident que
fi on n'en vient pas à toutes ces ex-
trémités, il fera abfolument impoffible d'empêcher les entrepôts & la
confommation, il faut fuppofer que
le projet de ces Meffieurs eft effectivement d'obtenir la liberté d'ufer
de toutes ces voies, pour empêcher
qu'on ne porte d'autres étoffes que
les leurs.

Ce projet eft fi étrange, qu'il ne
vaut pas la peine d'être réfuté fé-
rieufement. On fent bien que quant
aux vifites dans les maifons des
Grands, ou à la faifie des robes de
Toile peinte, portées par des perfonnes d'un certain état, il eft ridicule & impraticable. On ne peut pas

même citer à cet égard l'expérience
de la police qui a été en vigueur,
difent les Marchands, pendant qua-
rante années ; car les Ordonnances
n'ont jamais été exécutées en cela
même avant l'époque du relâche-
ment. On n'a jamais faifi les robes
portées par les perfonnes d'un certain état ; encore moins a-t-on fait
des vifites & des faifies dans leurs
maifons. Refteroit donc qu'on le ref-
treignît au commun des citoyens,
aux bourgeois, aux artifans, & au
refte du Peuple. Mais d'abord cette
diftinction feroit odieufe, & ne doit
point avoir lieu dans un état poli-
cé : de plus, cette diftinction ren-
droit les précautions des Marchands
tout-à-fait inutiles, puifque les
Grands & les gens aifés continuant
de faire ufage des Toiles peintes,
continueroient auffi de caufer dans

leurs Manufactures le vuide dont ils
se plaignent. Enfin les citoyens qui
demeureroient soumis à ces visites
& à ces saisies, seroient dans une
servitude réelle & dans la dépen-
dance du premier Garde-Juré à qui
il prendroit fantaisie d'aller visiter
les endroits les plus secrets de sa
maison ; c'est-à-dire qu'on sacrifie-
roit une portion précieuse de la liberté civile de la plus grande partie
de la Nation, à l'envie d'avoir un
peu plus de métiers en soie & un peu
moins de métiers à faire de la toile.
Cette liberté civile, la libre & la
tranquille possession de ce qu'on appelle le *chez soi*, est respectée dans
les Gouvernemens les plus durs ; &
ces Messieurs voudroient qu'en France, en leur faveur & pour de si petits
intérêts, on y donnât une atteinte
aussi marquée. Cette liberté civile

souffriroit même de la saisie des habillemens portés en public par les gens du peuple : les Commis des Fermes aux portes dans les Provinces éloignées , se permettoient il y a quinze ans ces excès. Mais il est monstrueux de citer ces traits comme fournissant des modeles à suivre. On a senti les inconvéniens sans nombre qui suivoient de ces violences , & on les leur a interdites. Si ces inconvéniens paroissent de peu de conséquence aux Fabriquans , ils sont les seuls qui pensent de la sorte.

Ainsi donc d'un côté on ne peut pas permettre aux Fabriquans de faire des visites dans l'intérieur des maisons, ni de saisir en public les habillemens de Toile peinte , lorsqu'ils seront portés par des personnes d'un certain état, *&c.* & de l'autre , ces Messieurs conviennent , &

c'eſt une choſe claire, que ſans toutes ces violences on ne peut pas faire exécuter la loi prohibitive. Il en
faut donc conclure que dans l'état
préſent des choſes, il eſt impoſſible
d'empêcher en France l'uſage & par
conſéquent l'introduction des Toiles
peintes.

En réduiſant même à une ſimple
amende les moyens d'empêcher l'u-
ſage des Toiles, il me ſemble 1°. que
ce ſeroit toujours une atteinte au
droit naturel que chacun doit avoir
de ſe vêtir à ſa fantaiſie & au meilleur marché poſſible, droit qu'on
ne peut ôter aux citoyens ſans de
fortes raiſons. 2°. Cette amende ſeroit toujours évitée par les grands,
& la loi ſeroit injuſte. 3°. La loi ſeroit inutile par cette même raiſon,
puiſqu'elle n'empêcheroit pas l'uſage
des Toiles qui nuit le plus à nos Ma-

nufactures, c'est-à-dire celui qu'en font les gens riches. 4°. Cette amende ne peut être imposée sans constater le délit. Or les moyens de le constater sont très-difficiles à mettre à exécution : il faut en croire un Commis, un Huissier, ou un délateur sur leur parole, ou faire des visites, *&c. &c.* & toutes ces voies sont sujettes à beaucoup d'inconvéniens que tout le monde sent.

Ajoûtons enfin que sans discuter avec beaucoup de soin ce qu'on pourroit absolument faire pour empêcher l'usage des Toiles peintes, il suffit d'examiner ce qu'on fera ; car quoi qu'il en soit de la possibilité de mettre la loi à exécution, s'il est bien certain qu'on ne l'exécutera pas, on doit se conduire d'après ce principe, comme s'il étoit impossible de l'exécuter. Or il est certain que la Loi ne

s'executera pas ; tout le monde le
fçait, les Fabriquans le fçavent eux-
mêmes: la queftion fe réduit donc toujours à fçavoir fi la Loi prohibitive
n'étant point exécutée, & les Etrangers continuant de verfer chez nous
leurs Toiles peintes, il ne feroit pas
mieux d'en fabriquer & d'en peindre
nous-mêmes.

La queftion étant ramenée à ce
point, il nous femble, fans entrer
dans de grands détails, que dans
l'impoffibilité d'empêcher la contrebande, il eft contre l'intérêt de l'état
de laiffer fortir du Royaume tout
l'argent que les Etrangers tirent de
nous pour les toiles qu'ils nous fourniffent ; qu'il ne nous eft pas avantageux de leur laiffer le profit d'une
main - d'œuvre que nous pourrions
gagner nous-mêmes, puifqu'en fabriquant ces toiles en France, le

vuide qu'elles peuvent causer dans nos Manufactures est rempli par nous-mêmes ; au lieu qu'en les recevant des Etrangers, le même vuide existant est rempli par eux. Dans ce dernier cas, l'introduction & l'usage des Toiles peintes est en pure perte pour nous , & en gain pour nos rivaux dans le Commerce. Ils y gagnent la fabrication & la façon de l'imprimerie pour la partie des Toiles qu'ils versent chez nous , & qu'ils ont fabriquées chez eux ; le fret , la revente & la façon de l'imprimerie , pour celles qu'ils tirent immédiatement des Indes ; & au-moins la façon de l'imprimerie pour celles qu'ils achetent, à la vérité en très-petite quantité, de notre Compagnie des Indes.

On sent que tout ce commerce est en pure perte pour nous, & que nous payons aux Etrangers un tribut odieux dont il est très-intéressant de nous affranchir.

Nous nous sommes un peu arrêtés sur cette impossibilité, parce que c'est un point très-essentiel dans la question générale que nous traitons. On peut difficilement nier qu'il vaut mieux fabriquer des Toiles peintes en France, que de continuer à les recevoir des Etrangers. Les Fabriquans ont senti cette vérité, quoiqu'aucun d'eux n'en fasse l'aveu; & c'est pour cela qu'ils ont tous fait leur capital de prouver que si on n'a point remédié jusqu'ici à la contrebande de la Toile peinte, ce n'est pas par l'impossibilité d'y réussir, mais parce qu'on n'en a pas eu la volonté.

On peut voir par ce que nous avons dit, combien leur prétention est fausse : mais si elle est bien fondée, il faut les arrêter-là, & leur demander le secret qu'ils ont pour parvenir à empêcher tout-à-fait l'introduction & l'usage des Toiles peintes. Il est essentiel de ne point passer outre qu'on ne soit d'accord avec eux sur cet article.

Or c'est à quoi on ne parviendra pas ; car il n'y a point d'homme d'état qui voulût adopter les moyens que ces Messieurs proposent ; moyens si contraires à la douceur de notre Gouvernement, qu'heureusement ils deviennent impossibles dans l'exécution ; impossibilité qui est une raison décisive de permettre la libre fabrication.

CHAPITRE IV.

On peut fabriquer en France des Toiles peintes.

LEs Fabriquans qui ont déclamé dans tant de Mémoires contre le projet de permettre en France la fabrication & l'impreſſion des Toiles de coton, nient abſolument la poſſibilité de cette fabrication.

On convient que la queſtion ne roule que ſur la poſſibilité de filer & de tirer le coton, parce que quoique ces Meſſieurs nient qu'on fabrique des Toiles chez nos voiſins, ils ne ſauroient nier qu'on les y imprime. D'ailleurs ils avouent eux-mêmes, & c'eſt ce dont ſe plaignent amerement les Syndics de la Chambte du Commerce de Normandie,

que *des Entrepreneurs repandent cel-*
les qu'ils ont imprimées, & qu'ils en
impriment de toutes les sortes. A la
vérité quelques-uns d'entre eux soutiennent que nous ne pourrons jamais les imprimer aussi parfaitement
que les Indiens.

Dans les réflexions sur la situation
des principales Manufactures d e
France, & particulierement de celle
de Tours, on cite un long passage
d'un Auteur moderne qui parle des
couleurs des Chinois, & qui ne prouve rien contre les nôtres. On assure
que nous *n'avons en France ni herbes*
ni fleurs dont les sucs naturels portent
avec eux la beauté des couleurs & l'a-
ction du mordant. Question de Chi-
mie & de Botanique, que les Marchands de Tours décident avec autorité.

Les Marchands Merciers - Drapiers & Corps unis de la ville de Rouen, nous difent que *chaque Nation a fes talens & fes propriétés naturelles, que le tems ni l'induftrie des hommes ne pourra jamais leur enlever, & que c'eft ainfi que l'Inde a toujours eu la fupériorité fur les autres Nations pour fes Toiles . . . . . pour la vivacité des couleurs,* &c.

Que nous puiffions ou non imprimer avec le dernier degré de perfection & de folidité que les Indiens donnent à leurs couleurs, c'eft une chofe tout-à-fait indifférente à la queftion générale que nous traitons dans cet ouvrage. On fe propofe par l'établiffement des Manufactures de Toiles peintes d'habiller le Peuple à bon marché, de gagner fur les Toiles au-moins la main-d'œuvre de l'impreffion que nous payons aux Etrangers, d'exclure la plus grande partie de celles dont nous sommes inondés par eux, mais principalement celles que versent chez nous les Anglois, les Hollandois, les Suisses, *&c.*

Or pour tous ces objets il n'est pas nécessaire que nous parvenions à une impression aussi parfaite que celle dont on nous oppose ici la supériorité. Si cette supériorité est réelle, ce n'est que pour les Toiles de la premiere qualité ; & il nous suffiroit que nos Toiles fussent imprimées aussi bien que les Toiles communes des Indes. Il nous suffira d'imprimer comme les Anglois, les Hollandois, *&c.* puisque cela posé, nous habillerons le Peuple, nous gagnerons la main-d'œuvre de l'impression, *&c.* Or on doit être bien persuadé qu'aussitôt que ce genre d'industrie sera permis chez nous, nous le cultiverons au-moins avec autant de succès que les Allemands & les Suisses; & pour les Indiens, on n'a qu'à encourager & récompenser parmi nous les Chimistes qui employeront leurs soins à perfectionner *la teinture*, cet art si utile au Commerce, & on verra que nous pourrons le disputer bien-tôt aux autres Nations, & même l'emporter sur elles, leur enlever leurs talens & *leurs propriétés naturelles*. Des expériences sans nombre nous assurent déjà du succès. Les Hollandois qui achetoient autrefois une grande quantité de coton filé rouge dans les Echelles, savent s'en passer aujourd'hui ; ils ont trouvé à Leyde le secret de le teindre aussi bien & à aussi bon marché qu'en Turquie ; & nous-mêmes depuis sept ou huit ans, nous teignons à Darnetal près de Rouen, le coton en

aussi

auffi beau rouge que celui de Lariffa
& d'Andrinople. La même chofe arrivera par-tout où on laiffera à l'induftrie toute fon activité. On fabrique au fauxbourg Saint - Antoine
des Toiles peintes qui réuniffent
la vivacité, la beauté & la folidité
des couleurs. Une Manufacture éle-
vée à Marfeille depuis 1747, a fourni des Toiles dont les couleurs font
belles & folides. Plufieurs autres
ont travaillé avec le même fuccès.
Les Entrepreneurs des nouvelles Manufactures s'engageront fi cela étoit
néceffaire, à avoir des ouvriers étrangers.

Nous devons encore ajouter que
la beauté & le goût de nos deffeins
pourroit balancer dans nos Toiles
les avantages que celles des Indes
auroient à d'autres égards.

Enfin on prie ces Meffieurs de

nous bien expliquer pourquoi nous ne pourrions pas auſſi bien que les Payſans des montagnes de Suiſſe, enlever aux Indiens *leurs talens* & *leurs propriétés naturelles.*

Il ne nous ſera pas plus difficile d'atteindre à la perfection dans la filature & la fabrication des Toiles de coton, quoi qu'en diſent les Marchands. Pour la filature des eſſais faits par le feu Curé de Saint-Sulpice, par M. Jore à Rouen, par M. Flachat à Saint-Chaumont, où il a fait venir des Levantins, en Dauphiné, au Puy en Velay, & dans d'autres endroits du Royaume, & les ſuccès qu'ont eus en ce genre les Etrangers nos voiſins, ne laiſſent aucun doute ſur cela. Ces faits ſont connus : MM. les Marchands auroient dû les nier ou les expliquer ; ils ne font ni l'un ni l'autre.

Mais voici la partie importante de la question que nous traitons : est-il possible de filer en France le coton , & d'en fabriquer des Toiles propres à l'impression , qui puissent soutenir la concurrence de celles des Etrangers ?

Cette condition , que les Toiles fabriquées en France puissent soutenir la concurrence des Toiles étrangeres , est importante & nécessaire ; car on ne peut pas nier que nous ne puissions absolument & sans égard à la dépense, fabriquer de très - belles Toiles de coton. Il n'y a point de Toiles destinées à l'impression , qui ne soit pour la finesse fort au-dessous des mousselines qu'on fabrique en différens pays de l'Europe , & que nous fabriquons à Saint-Quentin, &c. Mais pouvons-nous à égale qualité établir ces Toiles au même prix que celles des Etrangers ? Voilà ce que nient les Fabriquans, & ce qu'on peut prouver par de bonnes raisons.

Nos Toiles seroient obligées de soutenir la concurrence de deux especes de Toiles étrangeres ; celles d'Europe, & celles de l'Inde.

Quant à celles d'Europe, leur concurrence ne sauroit faire tort à celles que nous fabriquerons. Nous avons à aussi bon marché qu'aucune Nation de l'Europe, la matiere premiere, les cotons que nous retirons du Levant en retour de nos draps, ceux de nos Colonies, & ceux de l'Inde. La main - d'œuvre est chez nous à meilleur marché que dans la plûpart des pays qui sont nos rivaux dans le Commerce : & si nous voulons éloigner les Manufactures des grandes villes, les établir dans les

Provinces les plus éloignées de la Capitale, & les répandre dans les campagnes ; la sobriété & l'activité de notre Nation nous donnneront un avantage considérable du côté de la main-d'œuvre sur quelque Nation de l'Europe que ce soit. Ce sont-là des vérités reconnues, & que l'exemple de toutes nos autres Manufactures met sous les yeux de la maniere la plus évidente. Pourquoi notre main-d'œuvre soutiendroit-elle moins la concurrence avec les Etrangers pour les ouvrages en coton, que pour toute autre espece d'ouvrage ?

Reste donc à examiner si nos Toiles soutiendront la concurrence de celles de l'Inde, c'est à-dire si nous pourrons en fabriquer chez nous au prix auquel celles des Indes reviennent rendues en Europe, car il n'est pas queſtion de ce qu'elles coûtent dans l'Inde.

1°. Pour fabriquer une Toile en trois quarts d'aulne de largeur, de ſeize aulnes de longueur, qualité des garas, il faut 4 livres de coton ſur le pied de 200 liv. le quintal, année commune, ... 8 l.
Pour la filature, ... 4 l.
Pour la fabrication de la
    Toile, ... 4 l. 10 ſ.
Pour le blanchiſſage, . 1 l. 10 ſ.
En blanc, la piece de 16
    aulnes, ... 18 l.
L'aulne, ... 1 l. 2 ſ.

On en a fabriqué au Puy en Ve-lai en $\frac{7}{8}$ de large par 14 aulnes de longueur, qui n'ont coûté la piece que 12 liv. 10 ſ. c'eſt-à-dire l'aulne environ 18 ſols.

Si on ajoute au prix de la Toile blanche les frais d'impreſſion, tein-

ture & drogues sur le pied de 6 liv.
on trouvera qu'une Toile teinte en
France en une, deux & trois couleurs, dans les qualités communes,
& telle que la plus grande quantité
de celles qui se consomment en
France, reviendroient environ à
31 f. l'aulne pour les garas, & à 26 f.
pour les Toiles en $\frac{7}{8}$, fabriquées au
Pui. Il n'y a point de Toile étrangere des plus basses qualités qui puisse soutenir cette concurrence.

Voilà pour les Toiles communes.

Quant aux Toiles fines, on a fabriqué à Lyon de la mousseline façon de Zurich, revenant à 46 l. 2 f.
la piece de 16 aulnes, & l'aulne à
57 f. Les mousselines des Indes de
pareille qualité, ne se vendent point
à meilleur marché. On fabrique aussi
de la mousseline à Saint-Quentin,
que les Anglois achetent ; preuve

évidente que cette fabrique soutient la concurrence de l'Inde.

Si on ajoute à cela que la premiere piece qu'on fabrique est nécessairement plus chere que les autres, & que cette fabrication une fois établie nous parviendrons bien-tôt à y mettre plus d'œconomie, on conviendra qu'il est plus que probable que nous travaillerons des Toiles avec succès en concurrence avec les Etrangers.

Cette œconomie pourra se faire sur la matiere premiere, & sur la main-d'œuvre. Sur la matiere premiere, si nous encourageons la culture du coton dans nos Colonies, & particulierement à la Louisiane, & si nous exemptons le coton en laine de tous droits ; & sur la main-d'œuvre, si la filature du coton & la fabrication des Toiles sont placées

placées dans les campagnes & loin des grandes villes.

A ces calculs, les Marchans Merciers-Drapiers de la ville de Rouen en opposent d'autres que je ne saurois vérifier, & dont il résulte que les garas ne peuvent se fabriquer en France à moins de 44 s. tandis que ceux de l'Inde valent, année commune & en blanc, 26 à 27 s. l'aune ; que les guinées ne peuvent nous revenir à moins de 56 s. tandis que celles de l'Inde se vendent 40 à 42 s. & enfin que les baffetas nous reviendroient à 3 liv. 13 s. fabriqués en France, quoique la Compagnie ne les vende que 3 liv. à 3 liv. 2 s. On fera sans doute étonné de la différence de ces résultats, & on pourra penser que les uns ou les autres de ces calculs font faux. Nous nous croyons cependant assurés de l'exactitude des nôtres ; non-seulement les personnes qui nous les ont fournis s'engageront à fabriquer au prix marqué, la quantité de Toiles qu'on leur demandera (ce qui seul garantiroit la vérité de leur exposé) ; mais elles en ont présentées de fabriquées à ce prix. Comment donc concilier ensemble des prétentions si contradictoires ? Je pourrois remarquer d'abord que les Merciers-Drapiers font entrer dans leurs calculs des droits sur les cotons, qu'on pourroit supprimer absolument, outre certains frais qui paroissent un peu enflés. Mais voici, je crois, le nœud de la difficulté. Messieurs les Marchands de Rouen ont calculé les articles qu'ils portent en dépense, relativement au prix de la main-d'œuvre dans la ville de Rouen, qui est beaucoup plus chere que dans les

endroits où ont été faites les expériences que nous rapportons.

Par exemple, ils comptent la filature 8 liv. au lieu que je la mets
dans mon calcul sur le pied de 4 liv.
seulement ; & ils font monter la fabrication de la toile à 7 liv. 5 f. au
lieu que je ne la porte qu'à 4 liv.
10 f. Voilà une prodigieuse différence, & la raison en est sensible.
Sans doute qu'en faisant filer le coton & fabriquer les Toiles dans une
grande ville, comme Rouen, où les
loyers, la nourriture, & les habillemens sont chers ; par des Passemen-
tiers qui ont payé une maîtrise, des
apprentissages, des droits de toutes
les couleurs ; sans doute, dis-je,
qu'on payera 8 liv. pour la filature,
& 7 liv. 5 f. pour la fabrication.
Mais les Entrepreneurs qui éleve-
ront des Manufactures de Toile de

G ij

coton ne font point Paffementiers
de Rouen , & ne s'établiront ni à
Lyon, ni à Paris, ni à Tours, ni
dans les lieux où la main - d'œuvre
eft auffi chere. On leur filera & on
leur fabriquera leurs Toiles dans
les campagnes & loin des grandes
villes , dans les Provinces éloignées
où les denrées néceffaires à la vie
font à beaucoup meilleur marché.
Ainfi tous les calculs fondés fur les
prix de Rouen , & ces prétendues
démonftrations , ne détruifent point
ce que j'ai établi , & ne prouvent
point l'impoffibilité de fabriquer en
France des Toiles peintes , concur-
remment avec les Indiens mêmes.

En fecond lieu , quoi qu'il en foit
de ces calculs fi oppofés, nous avons
pour décider cette queftion, des faits
conftans qui ne peuvent être équi-
voques , & d'après lefquels il fau-

droit accuſer les calculs d'erreur, ſi
les calculs étoient contraires à ces
faits.

On fabrique des Toiles de coton
en Suiſſe, & on les y imprime ; on
fait plus, on y fabrique des mouſſe-
lines : on en fabrique en divers endroits de l'Allemagne, on en fabrique en Hollande, on en fabrique en
Angleterre, on en fabrique en Alſa-
ce, qu'on vend à Strasbourg 25 &
30 ſ. l'aulne. A Rennes, à Rouen
même, où la main-d'œuvre eſt aſſû-
rément plus chere que dans la plus
grande partie de nos Provinces, on
a imité les Toiles des Indes propres
au Commerce de Guinée. Sans doute
que toutes ces fabriques ſoutiennent
la concurrence des Toiles des Indes,
autrement elles ne pourroient ſubſiſ-
ter ; pourquoi donc celles des Toiles
propres à l'impreſſion ne la ſoutien-

droient-elles pas de même ? Qu'on en donne une bonne raiſon une fois pour toutes.

Seroit-ce défaut d'induſtrie ? nous en avons autant & plus qu'aucune nation ; il ne s'agit que de ne pas l'enchaîner.

Seroit-ce défaut d'activité ? il n'y a aucun Peuple dans l'Europe qui travaille autant d'heures dans un jour, que nos artiſans.

Seroit-ce défaut de matiere premiere ? nous en avons dans nos colonies, & nous pouvons la tirer de l'Inde & du Levant à auſſi bon compte que les autres Européens.

Seroit-ce cherté de la main-d'œuvre ? elle eſt à meilleur marché chez nous qu'en Angleterre & en Hollande ; & quant à l'Allemagne & la Suiſſe, ſi nous voulons renvoyer les Manufactures à la campagne, & ſur-tout loin des grandes villes , nous travaillerons au-moins à auſſi bon marché que les Suiſſes & les Allemands.

Quelle obſtination monſtrueuſe nous fait donc négliger tous ces avantages , pour les abandonner à nos rivaux & à nos ennemis ?

Cet exemple de nos voiſins embarraſſe étrangement Meſſieurs les Marchands ; ils n'oublient rien pour détruire la preuve qui en réſulte contre leurs prétentions , & en faveur de la libre fabrication.

Je lis dans le Mémoire des Merciers-Drapiers & Corps unis de la ville de Rouen, ces mots remarquables : *On prétend qu'en Suiſſe on fabrique de ces Toiles ;* c'eſt comme ſi je diſois , on prétend qu'on fabrique de la Siamoiſe à Rouen , & des étoffes en ſoie à Lyon. Il faut être bien dénué de preuves solides, pour être réduit à révoquer en doute des faits que toute l'Europe a sous les ïeux. *Mais*, continuent ces Messieurs, *elles se fabriquent dans les Hôpitaux & autres lieux de force, dont ils ne payent aucune main-d'œuvre.* 1°. Ce fait est absolument faux pour la plus grande partie de ces Toiles, qui se filent & se fabriquent dans les campagnes. 2°. Il est bien indifférent à la question que nous traitons : car ces Hôpitaux & ces maisons de force subsistent sans doute de leur travail : assûrément les personnes qui sont à la tête de ces administrations, ne feroient pas continuer des travaux qui seroient en pure perte pour ces maisons. Or qu'on paye la main-d'œuvre immédiatement aux gens qui travaillent, ou que le prix de leur travail serve à l'entretien de la maison dans laquelle ils sont nourris & vêtus, c'est une seule & même chose. Il faut bien que ces petites républiques où les revenus publics sont administrés avec la plus grande œconomie, trouvent leur compte à faire fabriquer des Toiles & à nous les vendre, de quelque façon & par quelques moyens qu'elles soient fabriquées, puisqu'elles continuent à en fabriquer & à en vendre.

3°. Voilà une plaisante difficulté à opposer, comme si nous n'avions pas, aussi-bien que les Suisses, des Hôpitaux, des maisons de force, des pauvres à nourrir, des gens oisifs & manquant d'occupation. Ces Messieurs ont d'autant plus mauvaise grace de nous faire cette objection, que si on leur proposoit de faire travailler ces Toiles dans les Hôpitaux, dans les Communautés de fil-

les, &c. où la main-d'œuvre seroit
à auffi bon marché fans doute qu'en
Suiffe, ils crieroient que tout eft perdu ; que les ouvriers qui ont famille
ne pourront jamais fe foûtenir contre des travailleurs célibataires, fo-
bres, & reglés. Mais quoique ce fût
fans doute un parti fort fage, on
n'en eft pas encore-là ; on ne demande que des ouvriers libres comme
eux, mariés s'ils le veulent, & on fe
charge encore de travailler les Toiles à auffi bon marché que les Suiffes, & par conféquent de foûtenir la
concurrence des Toiles des Indes,
puifque les Suiffes la foûtiennent.

4°. Suivons ces Meffieurs : *La majeure partie de leurs impreffions* (des
Suiffes), *fe fait fur Toiles des Indes.*

Je répons 1°. que fi l'on veut des
certificats bien authentiques du contraire, & qu'on faffe dépendre la dé-

cision de la question générale, de
l'examen de ce point, on se char-
gera de les fournir avant un mois
d'ici.

2°. Il est très-facile de démontrer
que les Suisses ne trouveroient pas
leur compte à acheter des Toiles de
coton des Indes, pour les imprimer
chez eux, au-moins s'il est question
des Toiles de qualités communes ;
& j'en donnerois volontiers le calcul, si cela étoit nécessaire.

Enfin si les Suisses ne fabriquent
pas de Toiles propres à l'impression,
qu'on nous apprenne donc ce qu'ils
font des cotons qu'ils achettent à Venise & à Marseille.

Mais pour ne laisser aucun doute
sur cette matiere, je présenterai ici
un petit détail que je tiens d'un homme instruit qui a suivi ce Commerce
avec quelque attention ; détail que

je me suis fait confirmer par plusieurs personnes dignes de foi.

FAITS.

Le filage des Cotons & la fabrication des Toiles se fait pour la majeure partie, par les païsans à la campagne.

Ils font des garas par quatorze aulnes, depuis 14 à 24 liv. argent de France.

Des guinées par vingt-huit aulnes, depuis 35 à 50 liv. Ce sont ces Toiles qu'ils impriment & dont ils font leurs Indiennes communes, leurs calencas, mi calencas.

Dans le genre des mousselines, ils fabriquent des mallemolles, des caffes, des doréas rayés & à quadrille.

Des thérindins très-beaux par seize aulnes, jusqu'à 200 liv. la piece.

Des quadrilles, des rayés, des

mille-raies, des burinés, des mousselines brochées à jour.

Des mouchoirs de toute espece.
On ne parle point de leurs étoffes
de soie crue & cuite, mi-soie, *&c.*
variées à l'infini.

Dans les commencemens de l'établissement de l'impression des Toiles,
ils en tiroient une partie des Compa-
gnies d'Angleterre, d'Hollande, &
même de France ; mais quand leur
imprimerie s'est accrue, ils ont fait
fabriquer toutes les sortes de Toile,
& se passent presque entierement de
l'étranger. Ils tirent les cotons du
Levant par Marseille & par Venise.
Ils en tiroient autrefois de nous par
Marseille en plus grande quantité ;
mais la république de Venise ayant
supprimé des droits de péage & de
transit qui subsistent chez nous, les
Vénitiens leur en fournissent beaucoup plus que nous.

Enfin pour achever de démontrer la poſſibilité de fabriquer en France des Toiles peintes, en concurrence avec les étrangers, nous nous appuyerons du ſuffrage de l'auteur éclairé de l'*Examen ſur la prohibition des Toiles peintes*, qui quoique d'un ſentiment contraire au nôtre ſur la queſtion générale de la prohibition, convient *qu'il eſt poſſible de filer le coton en France, & d'y fabriquer des Toiles qui ſoutiennent la concurrence de celles des Indes.* Cette autorité ne ſauroit être ſuſpecte dans la queſtion préſente.

Dans quelques Mémoires, on ſe retranche à dire que nous ne pouvons pas réuſſir à cette fabrication, *parce que*, diſent les Gardes des Merciers de la ville de Rouen, *nous ſommes entourés de Nations qui nous ont prévenus, & nous ne pouvons pas les atteindre.*

Mais n'est-ce pas là fermer la porte à toute émulation, à tout nouveau genre de Commerce & d'industrie? Les Indiens fabriquoient des Toiles avant les peuples de l'Europe ; & parmi ceux-ci, les Suisses en établissant leurs Manufactures , avoient à lutter contre beaucoup d'autres établies avant les leurs. Si les étrangers avoient pensé de la sorte , ils n'auroient point entrepris d'imiter nos Toiles & nos étoffes de soie, à quoi ils n'ont que trop réussi. Leurs succès en ce genre peuvent nous répondre des nôtres, quand nous voudrons leur disputer la fabrication & l'impression des Toiles.

L'auteur de l'*Examen sur la prohibition des Toiles peintes* , &c. en convenant qu'il est possible de fabriquer des Toiles en France en concurrence avec les étrangers , dit *qu'il faut attendre que ces établiſſemens ſoient formés, & qu'avant cela il ne ſeroit pas prudent de nous conduire comme ſi nous étions arrivés au but.*

Cette objection eſt ſpécieuſe : mais ſi l'on conſidere d'un autre côté que pour fabriquer des Toiles il faut qu'on puiſſe les vendre ; que cette fabrication ne peut prendre chez nous un certain point de perfection, ni ſe faire avec l'œconomie néceſſaire, qu'il n'y ait une conſommation ſuivie ; qu'on ne peut pas fabriquer des toiles de coton, & les mettre en réſerve pour les imprimer & les vendre dans dix ans ; en avouant que la fabrication eſt utile & poſſible, on ſera forcé de convenir qu'il faut établir la conſommation en même tems que la fabrication.

CHAPITRE

CHAPITRE V.

Du tort que la libre fabrication & l'usage des Toiles peuvent faire à nos Manufactures.

ON doit se souvenir de la différence que nous avons mise en commençant, entre l'intérêt des Marchands d'une part, & l'intérêt du Commerce en général, & le bien de la Nation. Cette distinction que nous avons solidement établie, nous fournit ici une réflexion préliminaire ; c'est que quand tous les Marchands prouveroient avec évidence que l'établissement des Manufactures de Toiles peintes fera tort à leurs fabriques, ils ne pouveroient rien, parce qu'il pourroit se faire que la libre fabrication des Toiles peintes ne nuisant pas au Commerce en

général, & lui étant même très-uti-
le, tous les Fabriquans d'autres étoffes actuellement établis, y perdiffent
chacun quelque chofe. La libre fabrication & la confommation des
velours a certainement nui aux Fabriquans en drap; mais les Manufacturiers en velours, qui font fujets
du même Prince & citoyens du même Royaume, ont gagné plus que
ceux-ci n'ont perdu, & le Royaume
a gagné avec eux, parce que nous
n'avons plus acheté les velours de
l'étranger, parce que nous en avons
exporté, parce que nous avons eu un
nouveau genre d'induftrie, &c. L'é-
tat n'eft pas Marchand de velours
ou Marchand de drap; il tient magafin: or le magafin le plus com-
plettement afforti eft celui qui attire
le plus d'acheteurs, & qui recueille
plus abondamment les profits du

Commerce. L'application de ce principe à la question présente est toute faite.

Il n'est pas possible de comparer ensemble avec beaucoup d'exactitude & de précision la diminution de travail que causera dans les Manufactures déjà établies, la fabrication & l'usage des Toiles peintes, & le dédommagement que cette fabrication & cet usage pourront procurer au Royaume. Ces calculs politiques sont trop difficiles à suivre. Mais on n'a pas besoin de l'extrême précision ; en cette matiere, des vûes générales suffisent.

Cependant nous allons examiner avec quelques détails, le tort que les diverses Manufactures déjà établies peuvent souffrir de la libre fabrication & de l'usage des Toiles peintes ; nous ferons voir que ce tort n'eſt pas ſi grand qu'on veut le faire croire, & que tel qu'il eſt, il ne fournit pas une raiſon ſuffiſante de proſcrire les nouvelles.

Trois ſortes de Manufactures peuvent ſe croire léſées par la permiſſion de fabriquer en France des Toiles peintes ; les Manufactures en ſoie, les Manufactures des petites étoffes de laine, & les Manufactures de cotonnades établies à Rouen (car, comme je l'ai remarqué au commencement de ce petit Ouvrage, les Marchands de Paris, les Merciers de Rouen, & quelques autres qui ont crié ſi haut, n'y ont aucun intérêt véritable). Examinons donc le degré d'intérêt que chacune de ces Manufactures peut avoir à la prohibition des Toiles peintes.

Les Fabriquans de Rouen ne ſont

pas ceux qui se plaignent le moins
vivement, & cependant ils me paroissent presque entierement sans intérêt ; premierement, parce que les
ouvriers qui fabriquent ces sortes
d'étoffes, pourront aussi aisément
fabriquer ou des Toiles de coton
pour imprimer & les imprimer eux-
mêmes, ou des Toiles de chanvre &
de lin, que la Province fournissoit
autrefois en grande quantité pour
l'Espagne & les Indes, & dont la fabrique est fort diminuée depuis l'é-
tablissement des Cotonnades. La seule fabrique des Toiles de coton four-
niroit assez d'emploi aux mêmes ouvriers, puisque la seule différence
consisteroit à faire des Toiles unies,
au lieu d'y brocher quelques fleurs en
laine : mais cette petite industrie re-
tranchée de cette fabrication, seroit
bien compensée pour l'ouvrier par

la fabrique de Toiles plus fines & en
plus grande quantité ; & pour le Peuple en général, par le travail de l'impreffion & de la peinture ; opération
affez compliquée lorfqu'on veut donner à la Toile plufieurs couleurs.

Deuxiemement , l'expérience
prouve que les Cotonnades réuffif-
fent en Angleterre où on en fabrique , au-moins autant qu'à Rouen ,
& où cependant on imprime beaucoup de Toiles. On confomme auffi
des Cotonnades de Rouen en affez
grande quantité dans des Pays où
l'ufage des Toiles peintes eft abfolument libre , comme la Lorraine ,
la Flandre & les Pays - Bas catholi-
ques : ce qui prouve que ces deux
Manufactures peuvent fubfifter &
profpérer enfemble.

Troifiemement , il eft clair que les
Cotonnades font d'un genre diffé-

rent des Indiennes , & que ces deux
fortes d'étoffes ne font pas propres
aux mêmes ufages. Si les Cotonnades font moins propres pour les pays
chauds & pour les tems chauds que
les Toiles peintes , moins agréables
aux yeux , *&c.* elles ont en récom-
penfe plus de force, & durent plus
long-tems. Une fabrique de Cotonades n'eft donc pas incompatible
avec une fabrique de Toiles peintes
dans le même endroit, dans la même Province , ni à plus forte raifon
dans le même Royaume.

Quatriememement , l'exemple des
Anglois eft décifif en ceci ; ils fabriquent des étoffes de coton fans nombre, & de bien plus de fortes que
Rouen. Celles de Rouen ne font
même qu'une imitation des étoffes
angloifes. Je ne faurois affez m'é-
tonner de voir un fait auffi connu

que celui-là, nié par les Syndics de la Chambre du Commerce de Normandie. Ils prétendent que l'Angleterre n'a point de fabriques de Toiles de coton. Ces Messieurs sont mal informés.

Cinquiemement, même en supposant que les Fabriquans de Siamoises de Rouen ayent un grand intérêt à ce qu'on ne permette point la fabrication des Toiles peintes, on ne sauroit trop s'étonner de les voir parmi ceux qui s'opposent avec le plus d'ardeur à l'établissement de ces Manufactures, eux qui ont obtenu au commencement de ce siecle une permission du même genre, qui ont éprouvé de la part des autres Manufactures les mêmes difficultés qu'ils opposent aujourd'hui contre les fabriques de Toile peinte, qui ont eu besoin de toute la fermeté du Conseil à les soutenir

soutenir contre les cris des autres Fabriquans ; en effet quels obstacles n'a pas rencontré leur Manufacture dans sa naissance ? Amiens, Reims, Beauvais, exagererent les inconvéniens : la main-d'œuvre du Peuple , la culture des terres, la nourriture du mouton, les Manufactures d'étoffes de laine & celles de Toiles , tout devoit y perdre. On conviendra que ces objections avoient au-moins autant de force contre les Cotonnades en faveur des laines , que ce que disent aujourd'hui ces Messieurs contre les Toiles peintes en faveur de leurs étoffes de coton. Cependant les Fabriquans de Siamoises y répondirent. Les Mémoires réciproques existent dans les Bureaux ; on peut y recourir. Le Conseil jugea que leurs défenses étoient bonnes , & on leur accorda la permission qu'ils sollicitoient. Or je remarque fur cela que s'ils étoient animés par le motif du bien général, ils fuivroient aujourd'hui les mêmes principes ; nous ne les verrions pas s'élever avec tant de chaleur contre un établiffement utile : car l'intérêt général ne change point, & l'intérêt particulier varie. L'intérêt particulier du Fabriquant de Siamoife eft peut-être changé depuis qu'il a obtenu la permiffion de fabriquer ; mais l'intérêt de l'Etat qui a déterminé le Confeil à accorder cette permiffion, eft toujours le même ; & cet intérêt demande qu'on permette à-préfent la libre fabrication des Toiles peintes, comme on a permis autrefois celle des Cotonnades : le Confeil alors a décidé la même queftion qu'on agite aujourd'hui, & fans doute il fuivra dans cette occafion les mêmes principes qu'il a déjà fuivis.

Les Syndics de la Chambre de Commerce de Normandie, trouvent que la prohibition des Toiles peintes est plus nécessaire qu'en 1686, époque de la premiere Loi prohibitive ; parce que nous avons acquis beaucoup de Manufactures nouvelles que nous n'avions pas, & que le Commerce, la Navigation, la Population & l'Agriculture se sont accrus depuis ce tems : mais si en acquérant des Manufactures nouvelles nous nous sommes procuré tous ces avantages, si les anciennes ont prospéré avec les nouvelles, pourquoi la nouvelle Manufacture de Toiles de coton, pourquoi la liberté d'imprimer ces Toiles, celles de lin & les étoffes de soie, entraîneront-elles la ruine du Commerce, de la Navigation, de la Population, &c?

Une Manufacture admise chez

nous devient autant notre bien propre, notre Manufacture, que celle
dont on prétendroit qu'elle seroit la
rivale : elle doit intéresser le Gouvernement autant que les anciennes.
Toutes les Manufactures qui ont un
objet semblable, qui fournissent aux
mêmes besoins, sont rivales, & cette
rivalité est l'aiguillon de l'industrie
& l'ame du Commerce. Après tout
quelque intérêt que les Fabriquans
de Rouen puissent trouver à la prohibition, on ne voit pas que leur
Manufacture mérite de la part du
Gouvernement une si grande prédilection, qu'il faille empêcher l'établissement de celles qui pourroient
entrer en concurrence avec elle. On
ne voit pas qu'il faille sacrifier à la
province de Normandie, le Dauphiné, la Franche-Comté, la Lorraine, &c. & beaucoup d'autres Pro-

vinces auxquelles l'établissement des Manufactures de Toile peinte pourroit être de la plus grande utilité. Voilà pour ce qui regarde les Manufactures de Rouen.

Voyons quel intérêt peuvent prendre à la prohibition les Manufactures de Lyon & de Tours, *&c.*

1°. Ces Manufactures ne produisent guere que des étoffes de luxe, qui ne sont à l'usage que des gens aisés ; par conséquent elles n'ont rien à redouter de la concurrence des Toiles peintes communes. Or les Toiles peintes communes sont les seules dont la tolérance du Gouvernement puisse augmenter beaucoup la consommation. Les belles Perses ont été portées presqu'en aussi grande quantité depuis bien des années qu'elles peuvent l'être, & dans le tems même où la Manufacture de

Lyon a été la plus floriſſante. Qu'on
conſulte ſur cela nos Dames, & on
verra qu'elles n'ont pas aujourd'hni
plus de robes de Toiles peintes,
qu'elles en avoient il y quatre, ſix
& huit ans : d'ailleurs les femmes qui portent des robes de ces
Toiles fines, ne les regardent que
comme une eſpece de ſuperflu ; aucune ne ſe croit diſpenſée de s'habiller de ſoie toutes les fois qu'elle eſt
ce qu'on appelle *habillée*, & peut-
être n'y en a-t-il point qui pour avoir
une Toile peinte, en achete une robe de ſoie de moins. Enfin, dans le
cas où ces robes ſeront permiſes entierement, elles nuiront encore moins
à nos ſoieries par une raiſon qu'on
ne peut conteſter : c'eſt que l'uſage
des Toiles peintes devenant général
pour les femmes d'un ordre inférieur, les femmes de condition s'en

dégoûteront & porteront plus que jamais des étoffes de foie. Leur exemple s'étendra jufqu'aux perfonnes d'un rang inférieur qui feront un peu aifées. Ce que nous avançons ici, eft vérifié par l'expérience de tous les Pays étrangers où le libre port des Toiles peintes a lieu , & où les perfonnes riches ne portent jamais que de la foie.

Ainfi l'ufage plus étendu des Toiles communes ne remplaçant point parmi le Peuple les étoffes de foie , ne nuira point aux Manufactures de Lyon , de Tours , &c. & l'ufage des Toiles fines qui peuvent être fubftituées à la foie ne devenant pas plus univerfel , ou diminuant même dans l'hypothefe de la permiffion , nuira peut-être encore moins qu'aujourd'hui à ces mêmes Manufactures.

Ajoûtons que fi l'ufage des Toiles

fines nuit davantage à nos étoffes de
foie , il eſt le plus difficile à empêcher , parce qu'il eſt particulier aux
grands & aux gens aiſés qui trouveroient toujours des moyens de ſe
fouſtraire aux rigueurs de la Loi : au
contraire on peut empêcher peut-
être le grand uſage des Toiles communes dans le Peuple ; mais il eſt
clair que cet uſage ne cauſera aucun
vuide conſidérable dans nos Manufactures de ſoie.

2°. Qu'on exagere tant qu'on voudra le vuide qui pourra réſulter du
nouvel établiſſement dans nos Manufactures de ſoie, il eſt certain qu'on
n'en éprouvera aucun dans la partie
de ces Manufactures dont les ouvrages paſſent chez les Etrangers. Quand
nous nous habillerions d'Indienne ,
nous n'en porterions pas en Allemagne une piece d'étoffe de ſoie de

moins ; nous pourrions même en porter davantage , parce que nous les fabriquerons à meilleur marché. Toutes les Nations auxquelles nous vendons nos soieries , ont chez elles des Toiles peintes ; ainsi comme rien ne les empêchant d'en porter aujourd'hui , elles tirent cependant nos soieries , elles continueront de faire travailler chez nous le même nombre d'ouvriers qu'elles occupoient , & la cessation n'affectera que la partie de nos Manufactures qui fournit à la consommation intérieure , & point du tout celle qui fournit à nos exportations.

Or, cela posé , je dis que le tort que les Toiles peintes peuvent faire aux Manufactures de soie n'est presque d'aucune importance pour le Gouvernement; il lui est indifférent que la Nation soit vêtue de soie ou de toile, ou plûtôt il doit defirer qu'elle foit plûtôt vêtue de toile que de foie, fi la toile eft à meilleur marché. Il n'eft pas néceffaire que le miniftere fe donne beaucoup de peine pour faciliter aux Citoyens les moyens de s'habiller & de fe meubler plus cherement, la vaine gloire, l'ambition, l'exemple des grands amenent toujours sûrement l'augmentation graduelle & continue des confommations intérieures & superflues. Cette augmentation entraîne celle du prix des denrées néceffaires à la vie, & par conféquent de la main-d'œuvre, & à la fuite de la cherté de la main-d'œuvre le Commerce extérieur diminue; deforte que, toutes chofes égales, la Nation qui vit & qui s'habille le plus frugalement, doit faire un plus grand Commerce que celle qui fe nourrit & s'habille avec moins d'œconomie ; témoins les Hollandois.

Il eſt donc faux qu'il faille fixer le conſommateur regnicole vers lesMa-nufaɛtures, comme le diſent les Syn-dics de la Chambre de Commerce de Normandie, *p.* 2. car outre qu'il fau-droit pour cela que leGouvernement deſcendît dans les plus miſérables dé-tails, que lui importe que telle ou telle Manufaɛture proſpere, dès qu'il ne s'agit que d'une conſommation intérieure? que lui importe que Pier-re ou Jacques gagne l'argent que Paul dépenſe, ou que Paul dépenſe plus ou moins? Les Manufaɛtures en général ſont faites pour les conſom-mateurs, & doivent ſe conformer à ſes goûts, même quand il s'agit de conſommations intérieures ; mais quand il s'agit de Commerce exté-rieur, il eſt encore bien plus néceſfaire qu'elles s'y conforment. Le Gouvernement voudroit en vain diriger le goût du consommateur étranger ; cependant c'est le seul cas où il pourroit souhaiter de le diriger.

De ce principe il suit clairement que le Gouvernement ne doit pas prendre un grand intérêt à ce que nos Manufactures de soie travaillent plus ou moins pour la consommation intérieure ; & par conséquent le tort que peuvent faire à cette consommation les Toiles peintes , n'est pas une raison suffisante de proscrire celles-ci.

Mais , dit-on , les autres Nations suivent nos modes , c'est l'empire de nos modes chez eux qui y fait verser nos étoffes de soie ; & si nous n'en portons plus nous-mêmes, nous perdrons cet avantage: ainsi nos consommations intérieures diminuées ,

entraîneront la diminution de nos
exportations & de notre Commerce
extérieur ; & en général la langueur
du Commerce intérieur entraînera
celle du Commerce extérieur ; ainsi
il n'est pas indifférent au Gouvernement que les consommations intérieures soient plus ou moins abon-
dantes.

Voilà une des objections qu'on
fait le plus valoir, & qui frappe un
plus grand nombre de personnes.
Voyons si elle est solide.

A ce qu'on dit de la mode, je réponds : 1°. c'est la Cour, & à Paris les femmes d'un certain rang qui
la reglent ; c'est sur les étoffes de
soie d'un certain prix que le goût
de nos Dames & de nos Dessinateurs s'exerce, & qu'il a de si grands
attraits pour les Etrangers ; car les
Etrangers ont des étoffes unies &

pèu riches : or il eſt évident que les Toiles peintes n'empêcheront pas l'uſage des étoffes de ſoie d'un certain prix ; qu'à la Cour & à la Ville parmi les perſonnes d'un certain rang, & même ſeulement parmi les perſonnes aiſées, les robes de Perſe ne remplaceront pas les étoffes de Lyon ; on ne ſe parera pas avec des Toiles, ſur-tout lorſque devenues plus communes elles n'auront plus l'attrait de la ſingularité, & que les femmes d'un rang inférieur en porteront.

2°. En 1750, 1751, 52, 53, *&c.* il y avoit aſſez de Perſes en France pour que toutes nos Dames pûſſent s'en habiller, ſi elles l'avoient voulu ; cependant la Manufacture de Lyon étoit à ſon plus haut point de ſplendeur : nos modes exerçoient donc tout leur empire ſur les Etran-

gers. Il en sera de même après l'établissement de la libre fabrication des
Toiles peintes.

3°. L'empire de nos modes ne favorise nos exportations chez les
Etrangers, que parce que le cas
qu'ils font de notre goût se trouve
joint avec le mérite particulier des
étoffes de soie ; mais il ne faut pas
croire que s'il nous plaisoit de nous
vêtir de grosse toile, les Etrangers
nous imitassent en cela. Si nous
abandonnions les étoffes de soie, les
Russes & les Allemands ne cesse-
roient pas d'en porter, & ils ne pren-
droient pas à notre imitation des
Toiles peintes : ils en ont à satiété,
& cependant ils font venir nos étoffes de l'autre extrémité de l'Europe.

4°. Si l'empire de nos modes est
aussi grand que ces Messieurs le disent, il favorisera nos exportations

de Toiles peintes aussitôt que nous nous mettrons à en fabriquer ; nos desseins tenteront les Etrangers sur les Toiles, comme ils les tentent aujourd'hui sur les étoffes de soie.

5°. Quoique nos modes & notre goût dans les étoffes de soie ayent beaucoup d'empire sur les Etrangers, il faut cependant convenir qu'ils ont leur goût auquel nous nous conformons en partie, & auquel nous continuerions de nous conformer, quand même nous ne ferions pas autant d'usage des étoffes de soie. Il y a à Lyon des Fabriques & des Dessinateurs pour Paris, & d'autres pour l'Allemagne : ceux-ci se conforment au goût de la Nation pour laquelle ils travaillent. Le goût actuel de nos Dames ne regle point le leur ; & tel dessein leger agréable qui feroit fortune à Paris, ne

ne réussiroit pas à la foire de Leipsik.
D'où il suit que l'usage plus ou moins
étendu que nous pouvons faire des
étoffes de soie, & si l'on veut l'af-
foiblissement de notre goût, ne di-
minueront en aucune sorte notre fabrication pour l'Etranger.

Quant à ce qu'on ajoute, que la
langueur du Commerce intérieur
entraîne celle du Commerce extérieur ; cela est vrai à certains
égards, c'est - à - dire lorsque cette
langueur affecte tout le Commerce
intérieur, & cela au point d'inter-
rompre la circulation de l'espece :
mais il n'est nullement vrai que la
langueur d'une branche de Commerce dans l'intérieur, remplacée
par une autre, ait la moindre influence sur le Commerce extérieur.
Il n'est nullement vrai qu'une Manufacture ne puisse vendre beau-

coup chez l'Etranger , sans vendre aussi beaucoup dans le Royaume. Il y a une ville en France où on ne fabrique que des bonnets , façon de Tunis , à l'usage des Turcs , dont il ne se consomme pas un seul dans le Royaume , & qui ne s'en vendent pas moins bien en Turquie. C'est ainsi que les Manufactures de soie continueroient de vendre chez l'Etranger la même quantité d'etoffes , quand la consommation intérieure diminueroit considérablement ; ce que nous ne devons pourtant pas craindre.

Restent donc les Manufactures de laine, dont au-moins une grande partie , je veux dire celle des draps , de bonneterie , *&c.* n'ont rien à craindre de celles des Toiles peintes , qui ne pourront jamais les remplacer. Pour les Manufactures de petites étoffes de laine , il faut convenir que ce font les feules dont les plaintes paroiffent avoir quelque fondement, parce que ce font les feules qui foient deftinées à-peu-près aux mêmes ufages que la Toile peinte, c'eft-à-dire aux meubles legers & aux vêtemens des femmes du peuple. Ce font auffi les feules qu'on puiffe préférer avec quelque apparence de raifon, aux autres Manufactures nationales, parce qu'elles encouragent la multiplication du mouton, & deviennent, par cette raifon, utiles à l'Agriculture.

Mais nous remarquerons 1°. que ces Fabriquans de lainages legers, qui feuls auroient droit de fe plaindre, ne fe plaignent pas, ou fe plaignent avec modération; tandis que les Fabriquans de Lyon, de Tours, & de Rouen, font retentir le Royaume de leurs cris. D'où il faut conclure que les plaintes qu'on entend étant celles des gens qui ne doivent pas se plaindre, ne doivent être dans cette affaire d'aucune considération.

2°. L'exemple de l'Angleterre répond aux prétextes qu'on peut alléguer en faveur des Manufactures de laine. C'est certainement le Royaume où les Manufactures d'étoffes de laine sont traitées avec le plus de prédilection de la part du Gouvernement ; & cependant il n'est aucun genre d'industrie qui n'y soit non-seulement permis, mais protégé & encouragé, soieries, cotonnades, fabriques de toiles de coton, & impression des toiles blanches tirées de l'Inde, &c. Cependant les Manufactures de lainages de toute espece ne sont nulle part aussi nombreuses, aussi florissantes, aussi variées dans leurs productions ; la nourriture du mouton n'est nulle part encouragée avec autant de succès. Il n'est donc pas vrai que les Manufactures de laines ne puissent pas prospérer conjointement avec les autres Manufactures.

3°. Si les raisons qu'on peut alléguer aujourd'hui en faveur des lainages legers contre les Toiles peintes étoient solides, on auroit dû, pour les mêmes raisons, s'opposer à l'établissement des Manufactures de soie & de coton de toute espece. L'Agriculture étoit aussi précieuse pour le Royaume, dans le siecle dernier que dans celui-ci; & les Manufactures de Lyon, de Tours, de Rouen, *&c.* faisoient aux Manufactures de laine un tort bien plus considérable sans doute que celui que leur causera la libre fabrication des Toiles de coton. Malgré ces considérations, on a élevé toutes ces Ma-

nufactures, parce qu'on a vû que c'é-
toit l'unique moyen d'empêcher les
importations d'étoffes étrangeres,
parce qu'on n'a pas voulu gêner d'u-
ne maniere odieuse la liberté des citoyens, parce qu'on a voulu donner
du travail au peuple, parce qu'on
n'a pas voulu priver l'état de nouveaux genres d'induſtrie, *&c.* toutes
raiſons qui favoriſent également
l'établiſſement des Manufactures de
Toiles peintes.

A ces détails relatifs à chaque Manufacture en particulier, nous pouvons ajoûter des raiſons générales
qui ſont communes aux Manufactures de ſoie, de coton, & de laine,
& qui prouvent que le tort que pourra leur faire l'établiſſement des nouvelles, n'eſt pas à beaucoup près ſi
grand qu'on veut le faire croire.

1°. Si les Manufactures anciennes

ne pouvoient subsister & prospérer avec les nouvelles, il n'y auroit dans chaque état commerçant qu'une espece de Manufacture florissante, & ce seroit toujours la derniere établie : par exemple, les siamoises auroient détruit en Angleterre les Manufactures de soie. Cependant toutes les Nations de l'Europe qui ont fait quelques progrès dans le Commerce, ont pensé au contraire que les Manufactures anciennes peuvent subsister avec les nouvelles.

2°. S'il est vrai que le Marchand le mieux assorti est celui qui vend le mieux, loin que les Manufactures de Toiles peintes nuisent aux autres, elles serviront à augmenter en général la somme de la vente. Si nous avons des soieries, des cotonades, des étoffes de laine, & des Toiles peintes, nous vendrons plus de toutes ces Marchandises, que si faute de Toiles peintes, notre assortiment n'étoit pas aussi complet. Ainsi nos Manufactures anciennes ne souffriront pas de la fabrication des Toiles peintes; mais les unes & les autres s'aideront mutuellement.

3°. Le débit & la consommation d'une Marchandise quelconque, lorsque le Commerce en est libre, a des bornes certaines déterminées par la consommation des autres Marchandises qui peuvent servir aux mêmes usages, par la différence des états, des goûts, des facultés des consommateurs, *&c.* Ainsi la consommation d'une étoffe quelconque étant nécessairement bornée par celle des autres, qui se soûtient par différentes raisons, aucune étoffe ne peut chasser absolument toutes les autres, ni les plus

plus cheres, ni les moins cheres, ni celles d'un prix égal au sien ; parce que chacune en particulier conviendra toujours à un certain ordre de consommateurs. On continuera de se meubler à la ville en moire & en damas, quoiqu'on veuille avoir à la campagne un petit appartement en Toile peinte ; & nos Dames se pareront toujours de robes de satin broché, *&c.* quoiqu'elles soient bienaises d'avoir aussi une robe de Perse. Cette seule considération doit nous délivrer de la crainte qu'on prétend nous inspirer, que les Indiennes détruiront de fond en comble toutes les autres Fabriques.

Mais on sera encore bien plus convaincu que cette crainte est chimérique, si on considere que les Toiles peintes ne sont pas propres aux mêmes usages que les étoffes de

foie. On doublera toujours les ha-
bits de foie, & non pas d'Indienne ;
on portera des culottes & des fur-
tout de velours, fans jamais en faire
de Toile d'Angleterre.

Ainfi la diverfité des goûts pour
les étoffes de même prix & propres
aux mêmes ufages, la diverfité des
prix & de la beauté pour les étoffes
de prix différens, & la différence
des ufages pour les étoffes qui ne
font pas employées aux mêmes genres d'habillemens, font autant de raifons qui foûtiendront les Manufactures anciennes en même tems que
les nouvelles.

Enfin nous pouvons fans doute
juger de ce qui arrivera dans la fuite,
par les faits que nous avons eu fous
les yeux. En 1750, 51, 52, 53, &c.
les magafins des gens qui vendent
des Toiles peintes étoient pleins &

suffisamment pourvûs pour satisfaire à toutes les demandes : d'un autre côté, les Ordonnances n'étoient pas mieux exécutées qu'aujourd'hui ; ainsi rien n'empêchoit que toutes les femmes fussent vêtues & toutes les maisons meublées uniquement en Toile peinte. Cependant les autres fabriques fournissoient des étoffes de toute espece, & la consommation des Toiles avoit des bornes. Or les raisons qui la bornoient & qui faisoient subsister l'usage des étoffes de nos fabriques, demeureront dans toute leur force après l'établissement des Manufactures de Toiles peintes. Le goût, la mode, le mérite particulier aux autres étoffes, nous y attachoient, quoique nous pussions avoir des Indiennes & des Perses : lors même que celles-ci seront entierement permises, les mêmes raisons nous attacheront à celles-là.

4°. Pour exagérer le prétendu tort que les Toiles peintes feront à nos Manufactures, on suppose toujours que le vuide qu'elles causeront sera subit. Cette circonstance est capitale, parce que la plus grande partie des inconvéniens qu'on redoute n'auroient pas lieu si le vuide se formoit insensiblement, puisqu'alors il se rempliroit de même.

Il semble, à entendre les Fabriquans, qu'aussi-tôt qu'on aura permis l'établissement des Manufactures de Toiles peintes, personne ne portera desormais ni drap, ni soie, & que tous les Habitans du Royaume se concerteront ensemble pour prendre à-la-fois les nouvelles étoffes & quitter les anciennes.

Les Marchands de Tours disent

que les ouvriers qui vont sortir inces-
*famment des villes & se répandre dans
les campagnes avec leurs femmes &
leurs enfans, ne trouveront pas de pro-
priétaires qui veuillent leur confier leur
vigne à tailler & leur champ à labou-
rer ; qu'on ne pourra pas leur avancer
les uftenfiles aratoires, les beftiaux de
labour, les femences, & de quoi vivre
en attendant la récolte.*

Voilà sans doute une affreuse nécessité, & qui vient bien subite-
ment. Il faut convenir que si ces
malheurs suivoient tout à-coup de
l'établissement des Manufactures de
Toile, le cas seroit nouveau. Il nous
est arrivé d'établir quelquefois de
nouvelles Manufactures ; on a établi celles de cotonades à Rouen ; on
n'a point vû alors sortir comme un
essain d'abeilles, & mourir de faim
tous les ouvriers des anciennes fa-

briques. Les étrangers ont reçû chez eux des Manufactures de Toiles peintes en particulier, ayant déjà des fabriques de soie ; tels sont les Hollandois, les Anglois, les Allemands, *&c.* tous ces malheurs ne leur sont point arrivés. Leur exemple pourroit suffire pour nous rassurer ; mais appuyons-le encore de quelques raisons.

En premier lieu, le vuide est tout fait ; car la tolérance des Toiles est entiere, & nous n'en fabriquons point.

En second lieu, le changement de goût n'est jamais subit ; une nation entiere n'abandonnera pas en un moment l'usage de la soie & de la laine, pour adopter les Toiles peintes. Ceux qui pourront se vêtir & se meubler en soie, accoutumés à cette consommation, ne la quitteront point ; & ceux-là mêmes pour qui l'usage des Toiles peintes sera d'une plus grande utilité à cause du meilleur marché, ne l'adopteront pas sur le champ. Sans doute qu'on ne brûlera pas toutes les robes & tous les meubles de soie & de laine, le jour qu'on permettra de se vêtir & de se meubler en Toiles peintes.

En troisieme lieu, la différence des goûts, le mérite des étoffes de soie & de laine, les défauts des Toiles peintes (car elles en ont, comme de n'être pas assez chaudes pour l'hyver, à moins qu'elles ne soient ouettées, auquel cas elles coûtent aussi cher que beaucoup d'autres étoffes : elles sont de peu de durée en meubles ; elles se déchirent très-facilement &c.), & beaucoup d'autres raisons qui borneront la consommation de ces Toiles, empêcheront

qu'elles n'augmentent confidérablement & fubitement.

En quatrieme lieu, le vuide ne pourroit être fubit qu'au cas que la permiffion de fabriquer dans le Royaume fût fuivie d'une introduction extraordinaire de Toiles étrangeres ;
parce que fi ce font nos Manufactures de Toiles peintes qui fourniffent
à la confommation, comme leurs
progrès ne feront que fucceffifs, le
vuide ne fe fera non plus que fuc-
ceffivement. Or nous prouverons
tout à l'heure que cette introduction
n'augmentera pas confidérablement,
& qu'il y a des moyens efficaces
pour empêcher qu'elle n'augmente.

5°. Parmi les maux prétendus
que la libre fabrication & l'ufage
des Toiles peintes doit caufer, en
voici qu'on déplore davantage &
qu'on exagere plus fortement ; le

défaut d'occupation pour les ouvriers des anciennes Manufactures,
& leur émigration qui en sera la
suite. Arrêtons-nous sur ces deux
objets.

Le défaut d'occupation ne sauroit
regarder que le nombre des ouvriers
auxquels le nouvel établissement ne
pourra pas fournir de travail ; nous
avons vû que ce nombre ne sera pas
bien grand : mais je veux bien le supposer plus considérable, & je demande si, dans cette supposition, la
cessation de leur travail est un si
grand mal pour l'état ?

Je demande quel mal il y a pour
l'état, qu'une partie des ouvriers
qui travailloient à nous vêtir de soie,
se livre aux autres occupations de
la société. Quelque chose que ces
ouvriers fassent, leur travail ne sera-t-il pas tout aussi utile qu'il l'é-

toit ? Car s'ils font rendus à la culture des terres, à nos flottes, à nos
armées, *&c.* ils feront employés bien
plus utilement ; & s'ils fe tournent
du côté des autres Arts, qu'on m'en
nomme un feul qui ne foit pour le
moins auffi utile que celui qu'ils
exerçoient auparavant. Ils ne travailloient que pour notre luxe,
quelle occupation peuvent-ils prendre, qui ne foit auffi utile à l'Etat
que celle qu'ils ont quittée ?

Ainfi quand la main d'œuvre de
la fabrication & impreffion des Toiles n'occuperoit pas une auffi grande quantité d'hommes que les Manufactures déjà établies, il n'y auroit aucun mal à cela ; ce feroit autant d'hommes rendus aux autres
emplois de la Société ; & il n'y a
point d'état qui, proportion gar-
dée, ait autant de fujets que les Ma-

nufactures d'étoffes de foie ; ils font
oififs la moitié de l'année , & on les
entend fe plaindre continuellement
de leur multitude. On en nourrit
vingt mille à Lyon , & les Fabriquans alleguent ce fait en leur faveur ; mais je le trouve décifif contre eux - mêmes , puifqu'il prouve
qu'il n'y a que trop d'ouvriers pour
les étoffes de luxe , tandis que les
métiers qui fourniffent à des befoins
plus preffans pour la fociété, fe plaignent toute l'année de n'en avoir
pas affez ; tandis que les campagnes
font defertes. Se plaint - on d'avoir
trop de Tifferands , trop de Char-
pentiers, trop de Maçons ? ces Communautés différentes nourriffent-el-
les un peuple d'ouvriers dans les cef-
fations de travail ? Il n'y a pas à Paris un attelier où on ne fût bien-aife
d'avoir un plus grand nombre d'ou-

vriers : pourquoi donc empêcheroit-
on ceux qui manquent de travail
dans un genre, de se tourner vers
une autre occupation ?

Mais on dit à cela que ces hommes
ne pourront pas retourner à la terre
ni aux autres arts. Cette objection
suppose que le vuide sera considérable & subit. Or nous avons réfuté
ces deux prétentions ; le vuide ne
sera pas bien grand, & d'ailleurs il
se formera insensiblement : ce ne sera pas l'ouvrier avancé en âge, mais
ses enfans qui prendront un autre
métier que celui de leur pere. Il est
vrai qu'il est difficile de repousser les
hommes à la campagne quand ils ont
été une fois corrompus par le séjour
des villes : cependant comme c'est
une maxime démontrée en Politique,
qu'il faut les y renvoyer, on ne doit
négliger aucun des moyens qui peu-

vent y contribuer. Nous avons mille
Loix qui tendent à dévaster les campagnes, & on se recrieroit contre
une opération qui pourroit y renvoyer des hommes? Si pour les faire
refluer à la campagne, on faisoit aujourd'hui une Loi somptuaire qui
diminuât le nombre des laquais, en
le fixant relativement à la naissance
& aux places, ou qu'on imposât chaque maître à tant par tête de domes-
tique, il se feroit peut-être un vuide
subit dans le métier de laquais, & il
y en auroit beaucoup qui manque-
roient d'occupation pendant le reste
de leur vie, vû cette impossibilité
qu'on fait tant valoir de retourner à
la campagne lorsqu'on a habité les
villes, ou de prendre un métier quand
on n'en a jamais fait aucun (ce qui
est sans doute plus difficile que de

faire de la toile quand on a sû faire des étoffes de soie).

Mais cet inconvénient pourroit-on le faire valoir avec quelque ombre de raison contre une pareille Loi ? auroit-on bonne grace de demander ce qu'on veut que ces laquais fassent ? Ils feront ce qu'il leur plaira ; mais l'intérêt de la chose publique demande qu'ils fassent toute autre chose que ce qu'ils ont fait jusqu'à-présent. S'ils ne veulent pas retourner à la campagne qu'ils ont quittée, du-moins l'exemple de leur oisiveté, de leur luxe, de l'aisance dont ils jouissent, n'achevera pas d'exterminer la race des Agriculteurs ; leurs cousins, leurs neveux, & leurs familles n'enverront plus leurs enfans dans les villes, & nous ne verrons pas la jeunesse des villages se perdre toute entiere dans le célibat, dans la débauche; autant de gouffres que notre luxe leur a ouverts.

On peut appliquer ceci, avec quelques restrictions cependant, à la question présente. Je me garderai bien de comparer un laquais oisif à un ouvrier en soie libre, industrieux & utile; mais il me semble que le défaut d'occupations qu'on craindroit pour les ouvriers, n'est pas une raison de les retenir dans les villes, comme ce n'en seroit pas une pour y retenir cette multitude de laquais qui sont enlevés aux campagnes.

Quant à l'émigration des ouvriers que ces Messieurs nous font craindre, il y a quelques réflexions à faire sur ce sujet, qui serviront à nous rassûrer.

1°. Nous avons vû que le défaut d'occupation ne sera pas considérable ; ainsi l'émigration ne peut l'être par la même raison. Il y a de la mauvaise foi à nous représenter tous les ouvriers du Royaume passant chez l'Etranger, parce qu'on a établi une nouvelle Manufacture.

2°. Si cette raison devoit nous arrêter aujourd'hui, elle auroit dû empêcher l'établissement des Manufactures de soie & de cotonnades.

3°. Si l'horreur de la Toile peinte chasse les ouvriers du Royaume, on peut demander dans quel endroit de l'Europe ils iront où ils n'en trouvent pas, & où ils puissent travailler aux étoffes de soie, de coton, &c. sans craindre la concurrence des Toiles peintes, &c.

4°. Si quelque chose peut leur faire quitter le Royaume, ce sont les Réglemens,

Réglemens, la tyrannie des riches Fabriquans, la multitude & la pesanteur des chaînes dans lesquelles on retient leur industrie captive. Voilà des causes d'émigration dont on a senti les funestes effets, & non pas la libre fabrication d'un nouveau genre d'étoffes.

5°. En général le peuple accourt-là où l'industrie n'est point gênée. Un Allemand ou un Hollandois dont la profession est d'imprimer de la Toile, ne se transportera point en France où cette industrie lui est interdite; mais un Tisserand françois se transportera en Allemagne ou en Hollande, parce qu'outre qu'il pourra y faire de la Toile comme en France, il pourra encore l'imprimer ou la faire imprimer s'il en a envie. Loin donc que la liberté d'imprimer les Toiles soit une cause d'émigration ; elle eſt au contraire un moyen de retenir notre peuple chez nous, & d'y attirer les Etrangers, & la défenſe un moyen que nous donnons aux Etrangers d'attirer notre peuple.

6°. Je conviens que la crainte de l'émigration des hommes induſtrieux doit engager le Gouvernement à ne leur pas donner des cauſes de mécontentement ; mais cette attention doit être reglée par les beſoins & les droits des autres ordres de l'Etat ; enſorte que pour favoriſer l'induſtrie d'une eſpece d'ouvriers, on ne foule pas les autres, qu'on ne mette pas un nouveau fardeau ſur la tête du Peuple qui conſomme & du Cultivateur déjà preſque accablé, enfin qu'on ne donne point d'atteinte à la liberté civile dont chaque citoyen doit jouir.

Les offres des Etrangers, difent les Fabriquans de Paris , *feront acceptées par nos ouvriers , les défenfes les plus rigoureufes s'oppoferont en vain à cette émigration : eh quelle eft la barriere qui puiffe retenir d'un côté des malheureux qui périffent de mifere , tandis qu'ils voyent à l'autre bord une plaine fertile & délicieufe ?*

MM. les Fabriquans ne fongent pas que dans ces plaines fertiles & délicieufes que les Etrangers offrent à nos ouvriers fugitifs , il y a auffi des Manufactures de Toile peinte : mais comment fe fait-il que des pays où les Toiles peintes font fabriquées & permifes , foient *une plaine fertile & délicieufe* , tandis que ces mêmes Toiles peintes perdent & anéantiffent le Commerce chez nous , & changent notre France en un defert affreux ? Par quelle fatalité ferions-nous la seule Nation de l'Europe chez laquelle l'usage des Toiles pein-tes produisît de si funestes effets ? Les Anglois , les Piémontois , les Suis-ses , les Hollandois , &c. auront im-punément des Toiles peintes & ag-grandiront leur Commerce , & nous ne pourrons pas recevoir chez nous le même genre d'industrie que tout ne soit perdu ? Je demande qu'on donne une bonne raison de cette dif-férence ; autrement je m'obstinerai à la regarder comme nulle & chimé-rique , & à soutenir que la libre fa-brication & l'usage des Toiles ne fe-ront aucun tort considérable à nos autres Manufactures.

CHAPITRE VI.

Avantages de la libre fabrication & de l'usage des Toiles peintes, relativement au bénéfice de la main-d'œuvre.

CE n'est pas assez pour nous d'avoir prouvé que la libre fabrication ne fera pas tort à notre Commerce & à nos Manufactures, nous devons encore développer les avantages sans nombre qui reviendront au Royaume de cette établissement ; & d'abord nous parlerons des avantages du bénéfice de la main-d'œuvre, tant de la fabrication que de l'impression.

Quant à la fabrication, il est fort clair que puisque plusieurs Peuples en Europe l'ont adoptée, ils y trouvent un bénéfice, & que nous gagnerions ce qu'ils y gagnent. Refuser de partager, ou même de leur enlever entierement ce bénéfice, c'est leur donner un privilége exclusif pour s'enrichir à nos dépens, en leur laissant faire ce que nous nous interdisons.

Ce premier article ne souffre pas beaucoup de difficulté de la part de MM. les Fabriquans. Cependant ceux de Paris disent que cette fabrication ne peut pas être pour nous d'une grande utilité, parce que la matiere premiere n'est pas de notre crû ; au lieu que les Manufactures d'étoffes de soie font un bien qui nous est propre, & les matieres qu'elles employent prennent naissance chez nous.

Il est vrai que les matieres premieres qu'employent nos Fabriques

de soie sont en partie de notre crû :
je dis en partie, car ce que nous em-
ployons de soie nationale ne suffit
pas à beaucoup près pour nos Manufactures ; mais au tems de leur
établissement en France, nous n'a-
vions point encore de plantations
de mûriers, nous tirions toutes les
soies d'Espagne, d'Italie & des Indes. Le bénéfice de la main-d'œuvre étoit donc le seul que nous pussions retirer, privés que nous étions
de la matiere premiere : cependant
on n'hésita pas à procurer à la Nation ce nouveau genre d'industrie,
& à l'augmenter par toutes sortes de
moyens. On auroit pû dire alors
que les Manufactures d'étoffes de
soie alloient porter le coup mortel
aux Fabriques d'étoffes de laine ; que
ces Fabriques étoient établies, qu'elles étoient un bien propres à la Na-

tion, &c. Malgré ces objections, bien plus fortes contre l'établissement des Manufactures de soie, qu'elles ne peuvent l'être dans la matiere que nous traitons contre la permission de fabriquer & d'imprimer les Toiles, on jugea avec raison que ce bénéfice de la main-d'œuvre n'étoit pas à négliger ; que les autres Nations fabriquant chez elles des étoffes de soie, tôt ou tard nous serions contraints d'en acheter d'elles si nous n'en faisions nous-mêmes ; que quand nous n'en acheterions pas, nos voisins & nos rivaux, en vendant aux autres Nations, chasseroient nos étoffes de laine & nous feroient perdre cette branche de notre Commerce extérieur, &c.

Ces raisons & d'autres semblables sont exactement applicables à la question que nous traitons. Nous n'avons

pas

pas toutes les matieres premieres, le coton par exemple ; mais le bénéfice que nous pouvons faire sur la main-d'œuvre est considérable ; quand même nous ne parviendrions pas à filer nous-mêmes le coton : que si, comme on doit le présumer, la filature s'établissoit dans nos Provinces & sur-tout dans les Campagnes, à la suite de la permission qu'on sollicite, alors ce bénéfice sur la main-d'œuvre deviendroit tout-d'un-coup un objet de la plus grande importance, & tel que pour se le procurer il faudroit s'embarrasser peu que la matiere premiere soit ou ne soit pas de notre crû.

En effet cette considération ne peut arrêter dans l'établissement d'une Manufacture quelconque, que lorsque l'achat de la matiere pre-

N

miere eſt une partie très-conſidéra-
ble du prix de la marchandiſe , &
que la main - d'œuvre n'entre pas
pour beaucoup dans ſa valeur marchande : mais ſi au contraire le prix
de la matiere premiere eſt peu de
choſe en comparaiſon de celui que
la main - d'œuvre donne à la marchandiſe , on ne doit pas craindre
d'élever des Manufactures , même
en manquant des matieres premieres. Ce dernier cas eſt évidemment
celui des Manufactures de Toiles
peintes & imprimées.

L'achat de la matiere premiere
d'une Toile de coton , n'eſt pas $\frac{1}{3}$
de la valeur qu'elle a dans le Commerce lorſqu'elle eſt filée , fabriquée & teinte. Si la Toile eſt commune , ſi les couleurs & le deſſein
en ſont ordinaires , & ſi elle eſt fine

& bien imprimée, le prix de cette matiere premiere peut être évalué à $\frac{1}{4}$ de son prix marchand. Voilà donc $\frac{2}{3}$ ou $\frac{2}{4}$ de sa valeur qu'elle reçoit entierement de la main-d'œuvre, qui tournent au profit de ceux qui l'apportent, qui la filent, & qui la teignent. Je ne porte même cette valeur qu'à un taux fort modique. Je trouve dans un Mémoire, où l'on combat la fabrication des Toiles peintes, que nos ouvriers avec 15 livres de coton font une toile qui se vend 100. liv. ainsi c'est 85 liv. en pur profit pour notre induftrie, que nous faisons payer aux Etrangers si la toile est exportée, & qui au-moins demeurent dans le Royaume si la toile s'y confomme. Or ce benéfice devons-nous l'abandonner aux Etrangers si nous pouvons le faire,

nous - mêmes, quoique nous manquions de la matiere premiere ; fi
nous pouvons faire apporter les cotons par nos vaiſſeaux , les faire filer & ourdir dans nos campagnes ,
& les faire teindre dans nos Manufactures ?

Au reſte j'ai bien voulu ſuppoſer
ici que nous manquions de la matiere premiere , quoiqu'il y ait bien
des reſtrictions à mettre à cela. Nous
avons des Colonies où la culture
du coton eſt établie , & nous pouvons la favoriſer & l'augmenter davantage. Or une production de nos
Colonies eſt une matiere premiere
qui nous appartient , & qui prend
naiſſance chez nous.

Loin donc que relativement à la
matiere premiere , le nouvel établiſſement ne ſoit pas avantageux à

l'Etat, il peut servir à mettre en valeur les productions de nos Colonies,
à encourager notre commerce dans
le Levant & dans l'Inde pour en tirer les cotons, & à augmenter à ces
deux égards notre Navigation.

Enfin les Suisses achetent les cotons de nous & des Vénitiens ; ils
n'ont la matiere premiere que de la
deuxieme & de la troisieme main,
& cependant ils trouvent du bénéfice à la mettre en œuvre : pourquoi
avec plus d'avantages qu'eux ne
pourrions-nous pas les imiter ?

Voilà pour ce qui regarde la main-
d'œuvre de la fabrication. Quant à
celle de l'impression, quand nous
n'aurions que ce bénéfice à retirer,
& que nous imprimerions les Toiles
de coton blanches des Indes, je ne
sai si le bénéfice que nous procure-

roit cette main-d'œuvre jointe aux autres avantages de l'usage des Toiles, comme de diminuer l'exportation de notre argent à l'Etranger, de vêtir notre peuple à meilleur marché, &c. ne seroit pas un motif suffisant pour permettre l'impression, quand même nous ne pourrions pas fabriquer. Mais je soutiens que cette impression sur des Toiles fabriquées en France, seroit pour nous de la plus grande utilité. J'avoue même que je ne suis point touché de ce que disent sur cela les Syndics de la Chambre du Commerce de Normandie: ces Messieurs opposent le travail de l'impression à celui qu'on est obligé de faire pour brocher leurs étoffes de coton ; & ils disent que *l'impression des Toiles étant une industrie machinale & rapide, suppléera*

au travail d'un grand nombre d'hom-
mes, & que l'état perdra par-là la dif-
férence du prix de la main-d'œuvre ma-
chinale à celui de la main-d'œuvre ma-
nuelle. Mais c'est-là une bien mauvaise difficulté ; car c'est précisément celle qu'on a faite lorsqu'on a
substitué les moulins à eau & à vent
aux moulins à bras, le métier à bas
au tricot, l'imprimerie à l'usage d'é-
crire tout à la main ; les gens à
préjugés qui s'opposoient à ces éta-
blissemens, faisoient bien cette belle
distinction de la main-d'œuvre machinale & de la main-d'œuvre ma-
nuelle : comme si nous avions trop
d'hommes & que nous ne sçussions
qu'en faire ; comme s'il y avoit un
grand inconvénient pour l'Etat à ce
que des fleurs qu'on broche l'une
après l'autre soient imprimées en un
peu moins de tems.

N iiij

Nous pouvons même dire que la facilité de l'impreſſion eſt une raiſon de plus pour l'établir en France, puiſqu'il eſt très-intéreſſant pour l'Etat que les Arts ſoient répandus parmi le peuple, & qu'ils s'y répandent d'autant plus qu'ils ſont plus faciles.

D'ailleurs, pour répondre en particulier aux Marchands de Rouen ; il n'eſt pas vrai que l'impreſſion des Toiles n'occupe pas autant de monde que la rayure ou brochure de la cotonade. Pour conduire la Toile blanche à la perfection de l'Indienne, il faut un ſurcroît de main-d'œuvre qui occupe un grand nombre d'ouvriers, Deſſinateurs, Graveurs, Imprimeurs, Teinturiers, Apprêteurs, &c. & cette main-d'œuvre compenſe & par-delà le travail du broché.

Nous avons même une obſerva-
tion importante à faire. L'impreſſion étant une fois établie en France
& perfectionnée par l'activité de notre Nation, on pourra peindre &
imprimer nos Toiles de lin & nos
étoffes de ſoie. Ces Toiles & ces
étoffes pourront ſervir de matiere
aux établiſſemens d'imprimerie, juſqu'à ce que la filature du coton ſoit
parfaitement établie. Il eſt clair que
cette nouvelle induſtrie pourra procurer à nos Toiles & à nos ſoieries
une valeur nouvelle dans le Commerce & de nouveaux débouchés.
Les Anglois impriment leurs Toiles
de lin & les vendent dans toute l'Europe ; pourquoi n'en imprimerions-
nous pas, pour les leur vendre à
eux-mêmes & à toute l'Europe ? Ce
ſeroit un objet important pour no-

tre Commerce d'Espagne & de Portugal, ces deux pays ayant interdit chez eux la consommation des cotons. Les Indiens peignent leurs étoffes de soie, & trouvent leur compte à les peindre, pourquoi ne les imiterions-nous pas en cela ? on a déjà fait avec succès des essais en ce genre. Le goût de nos desseins porté sur ces étoffes, ne sera-t-il pas pour les consommateurs un attrait nouveau ? peut-on s'opposer avec quelque ombre de raison à un genre de travail qui tend à donner une plus grande valeur aux productions de nos Manufactures.

C'est cependant ce que font les Fabriquans ; ceux de Lyon s'élevent contre la permission de *gauffrer, peindre, & imprimer les étoffes de soie.* Cette étoffe unie qu'ils ont fabriquée, dont ils ne peuvent pas dire, ni qu'elle est une production étrangere, ni qu'elle fera tort à leurs Manufactures, puisqu'elle en sort, ils ne veulent pas qu'on l'imprime ni qu'on la peigne, & ils ne veulent ni la peindre ni l'imprimer eux-mêmes.

Ils se plaignent du défaut de consommation, & ils s'opposent à ce qu'on pique le goût du consommateur : c'est vouloir arrêter tous les efforts de l'industrie ; mais une semblable opposition est-elle dictée par des vûes saines & par l'intérêt du Commerce en général ? c'est ce que nous osons révoquer en doute.

On lit dans tous les Mémoires des Fabriquans, que le travail des Toiles, tant pour la fabrication que pour l'impression, n'occupera qu'un fort petit nombre d'ouvriers ; & que

le bénéfice de la main-d'œuvre &
l'entretien de ces ouvriers, eſt un
objet de nulle conſidération vis-à-vis
du grand nombre de perſonnes qu'-
occupent les Manufactures de ſoie.

Mais il ne faut pas les en croire
ſur leur parole ; un calcul aſſez ſimple va nous en convaincre. Ils conviennent qu'il ſort par an du Royaume vingt millions pour notre ſeule
conſommation de Toiles peintes, &
ce calcul n'eſt point exagéré. Sup-
poſons que le prix de cette conſommation ſoit réduit à douze millions
par la permiſſion de fabriquer qui
ſupprimera les riſques & les profits
intermédiaires, & qui diminuera
d'autant la ſomme employée à la
fabrication ; voilà donc, indépen-
damment de toute exportation, douze millions qui ſeront répandus ſur

les Manufactures de Toiles peintes.
Sur ces douze millions , fi on fuppofe cinq millions cinq cens mille
livres employés en achats de coton
& matieres pour la teinture , & qu'-
on diftribue le refte fur les ouvriers
employés dans les fabriques , on
trouvera que la filature évaluée à
deux millions, occupera & nourrira,
à raifon de dix fols par jour , feize
mille perfonnes ,   16000
que la fabrication des Toiles, efti-
mée à trois millions , occupera , à
raifon de trente fols par jour, huit
mille Tifferands ,   8000
& enfin qu'un million cinq cens mille livres confacrés à la main-d'œuvre de l'imprimerie , entretiendront
fix mille ouvriers, à raifon de vingt
fols par jour ,   6000
En tout trente mille perfonnes trou-

veront l'occupation & la subsistance dans le seul travail des Toiles peintes destinées à la consommation intérieure ; & tout cela sans que nous cessions de travailler des étoffes de soie, d'en fournir les gens aisés, & d'en exporter au-dehors. Est-ce donc là un objet de si petite importance ? est-ce là une main-d'œuvre si machinale & si rapide ?

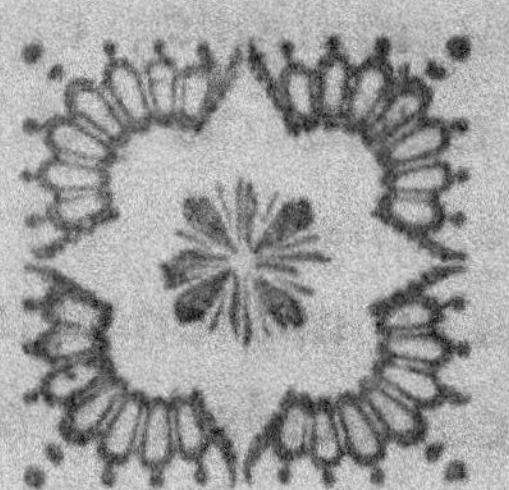

CHAPITRE VII.

Avantage de l'usage des Toiles peintes, dans le meilleur marché du travail de nos ouvriers, ou dans l'aisance du peuple.

LA permission de fabriquer & d'user des Toiles peintes n'effraye si fort les Marchands, que parce qu'ils prévoyent que leurs étoffes ne foutiendront pas la concurrence des Toiles peintes, à cause du bon marché de celles-ci ; on sent bien que cette raison seule pourra les faire préférer par le peuple, le grand consommateur des choses simples & peu coûteuses : autrement la crainte des Marchands seroit absolument chimérique ; puisque si les Indiennes communes n'étoient pas de beaucoup moins cheres, il n'y a personne qui n'aimât mieux se vêtir, au-moins habituellement, de drap, ou de soie, ou de coton, ces especes d'étoffes ayant sur les Toiles quelques avantages très-marqués.

Mais si le bon marché des Toiles peintes peut inspirer tant de crainte aux Marchands, d'un autre côté il me semble qu'il doit fournir au Ministere une raison suffisante de décider en leur faveur.

C'est une vérité très-claire, que le bon marché de la main-d'œuvre dans une nation, augmente le Commerce extérieur & attire le travail & l'argent des étrangers. C'est encore une chose démontrée, que la main-d'œuvre baisse en même raison que le prix des choses nécessaires à la vie de l'ouvrier, comme la nourriture & l'habillement. D'où il suit que

que si notre peuple est habillé à
meilleur marché avec des Toiles
peintes, l'usage des Toiles peintes,
en diminuant le prix de la main-
d'œuvre, favorisera notre Commerce & nos exportations, & sera par
conséquent très-avantageux à la
Nation.

Ce raisonnement est simple, & je
ne vois pas qu'on y puisse rien opposer de solide; aussi je ne trouve
dans les Mémoires des Fabriquans
aucune difficulté qui le combatte &
qui mérite d'être examinée. Mais
pour ne laisser aucun doute sur cela, je résoudrai une objection que
forme contre ce principe l'auteur de
l'Examen des avantages & des desavan-
tages de la prohibition des Toiles pein-
tes.

Il oppose que le retranchement
de la dépense dans l'habillement, ne

diminuera pas le prix de la main-d'œuvre, à cause, dit-il, de la difficulté qu'on éprouve à faire baisser les salaires.

Je veux bien croire qu'on éprouve quelquefois & dans des circonstances particulieres, quelque difficulté à faire baisser le prix des salaires ; mais il est cependant vrai généralement, que cette diminution est un effet naturel & nécessaire du retranchement de dépenses dans l'ouvrier. Nous voyons cette diminution après les grandes chertés dans lesquelles on les a augmentés ; nous voyons les salaires plus chers dans la Capitale & dans les grandes villes, que dans les provinces & dans les campagnes, à-proportion de la cherté des vivres & des habillemens. On sait d'ailleurs qu'à mesure que le luxe & la cherté des denrées augmentent, les ouvriers exigent aussi de l'augmentation dans leurs journées ; & on ne peut pas disconvenir que le retranchement des dépenses des ouvriers & de leur famille, peut retarder considérablement cette augmentation, ou empêcher qu'elle ne soit aussi forte dans quelques années, par exemple, qu'elle le seroit sans cela. Enfin j'en appelle au témoignage de l'auteur lui-même, qui dit à la page 15 : *il est hors de doute que la modicité de la dépense influe sur le bas prix de la main-d'œuvre.* Je n'en demande pas davantage, & l'auteur a résolu lui - même son objection.

Mais supposons que les salaires ne baissent pas, & voyons si nous ne pourrions pas trouver dans cette hypothèse des avantages assez considérables pour déterminer l'homme

d'état à permettre au peuple de s'habiller de Toiles peintes.

Si les salaires ne baissent pas,
cette aisance qu'on aura procurée au
peuple en lui fournissant le moyen
de se vêtir à meilleur marché, sera
sans doute employée en consommations. Ces consommations seront ou
des denrées comestibles ou des habillemens. Or dans ces deux cas le
légiflateur aura lieu de s'applaudir
d'avoir accordé au peuple la permiffion de se vêtir de Toiles peintes.
1°. parce que le bonheur en ce monde confiftant, pour la plus grande
partie du genre humain, dans la pof-
feffion de ces deux chofes, le vivre
& le vêtement, en procurant cette
aisance à la Nation, & singulierement au peuple, on aura travaillé à
fon bonheur ; ce qui eft ou doit être
l'objet de toute légiflation. 2°. Parce

que si le peuple se nourrit & s'habille mieux, d'un côté il fera valoir nos terres, puisque la consommation des productions de la terre sera plus grande (en même raison de son aisance); & de l'autre, nos Manufactures : par exemple, ce qu'une famille épargnera en étoffe, elle le consommera en linge, en bas, en souliers, *&c.*

L'auteur de l'*Examen* objecte ici que l'épargne sur l'habillement d'une femme sera employée à acheter de la mousseline, production étrangere qui multipliera nos exportations d'argent pour les Indes.

Mais c'est-là une assertion tout-à-fait gratuite; le peuple dont nous parlons ici est bien loin de l'usage de la mousseline, il a besoin de nourriture, de bas, de souliers, d'une camisole en hyver, & de chemises en été ; voilà ce qu'il se donnera d'abord, & non pas des choses de luxe. Et quant à la partie des citoyens plus aisés qui employent la mousseline dans leurs habillemens, il n'en est pas question ici. D'ailleurs nous pouvons encore satisfaire le goût que la Nation pourroit prendre pour les mousselines, sans porter notre argent aux Indes ; nous pourrions en fabriquer nous-mêmes, comme on en fabrique en Suisse, à Saint-Quentin, &c.

Concluons que l'usage des Toiles peintes causera ou une diminution dans les salaires, favorable au Commerce extérieur, ou au défaut de cette diminution, une augmentation d'aisance dans le peuple, désirable par beaucoup de raisons, & favorable à nos terres & à nos Manufactures ; deux effets que le Gou-

vernement doit également souhaiter.

Arrêtons-nous encore un peu sur
cette augmentation d'aisance, &
prouvons par une nouvelle réflexion, qu'elle doit être un motif suffisant de permettre la libre fabrication & l'usage des Toiles peintes.

Quelque nombreux que soient les
ouvriers qui peuvent être véritable-
ment intéressés à ce qu'on ne fasse
point usage des Toiles peintes, assurément ils ne font pas un vingtieme
de la Nation : le peuple, les gens de
la campagne, les bourgeois des villes, les grands même, ont un intérêt véritable à ce qu'on accorde la
libre fabrication.

Ainsi il importe beaucoup à la
plus grande partie de la Nation formée par le peuple & les gens de la
campagne, de s'habiller & de se

meubler à bon marché. Ce bon marché même est encore de quelque importance pour les gens riches ; & d'un autre côté, il y a trois ou quatre cens mille ouvriers, Marchands, Fabriquans , *&c.* qui font , dit-on , intéressés à ce que toute la Nation soit vêtue des étoffes qu'ils fabriquent , quoique plus cheres.

Je demande si dans cette opposition d'intérêt , l'homme d'Etat peut balancer ? Pour remplir son objet , c'est-à-dire pour procurer le bien général , ne faut-il pas qu'il favorise le grand nombre contre le plus petit , puisqu'assurément le bien général est le bien du plus grand nombre ? ne faut-il pas qu'il facilite au plus grand nombre les moyens de se vêtir au meilleur marché possible , par la même raison qui rend le Gouvernement attentif à ce que le pain ne soit

pas

pas cher (attention que je borne de la part du Gouvernement , aux moyens généraux & éloignés , l'encouragement de l'Agriculture , la libre circulation & exportation des grains , *&c.*)

Mais que sera-ce , si cette partie de la Nation qu'on doit favoriser précisément parce qu'elle est la plus nombreuse , est encore la plus précieuse ? or c'est ce qui arrive ici. Ces laboureurs, ces vignerons, ces artisans , ce peuple nombreux qui fournit aux besoins les plus pressans de la société , ces familles indigentes aujourd'hui , auxquelles cet établissement procureroit une subsistance plus aisée , ne sont-elles pas plus précieuses à l'état, que cette multitude d'ouvriers qui servent à notre luxe, que nous avons attirés dans les grandes villes en dépeuplant les

P

campagnes , qui y vivent pour la plûpart dans le célibat , qui dans l'abondance de la demande , rançonnent le régnicole & l'étranger , & font fur-payer leur travail ; qui dans des tems moins heureux où le Commerce languit, vivent oififs pendant que nous avons des terres incultes & que nous avons befoin de foldats & de matelots , & font entretenus aux dépens des revenus municipaux ? car c'eft-là l'état véritable des ouvriers dans nos grandes Manufactures de Lyon, de Tours , &c. C'eft à ces hommes qu'il faut facrifier l'avantage que peut retirer la Nation du nouvel établiffement qu'on propofe ; c'eft pour eux qu'il faut empêcher les cultivateurs , les artifans , &c. de fe vêtir à meilleur marché , d'avoir un peu plus d'aifance. Cette feule raifon bien fentie peut fuffire pour décider la question en faveur des Toiles peintes.

Nous pouvons même ajoûter qu'en refusant de faire des étoffes à bon marché, ce n'est pas seulement à nos ouvriers, mais encore aux étrangers que nous sacrifions notre peuple; puisque la contrebande & l'usage des Toiles étant fondés sur le bon marché, tant que nous nous interdirons la liberté d'en faire, en forçant notre peuple à un surcroît de dépense, & à s'habiller plus chérement, nous le livrons aux étrangers que nous enrichissons à ses dépens.

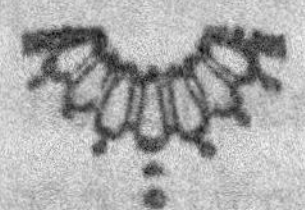

CHAPITRE VIII.

Avantages de la libre fabrication des Toiles peintes , relativement à la diminution des maux que la Contrebande entraîne.

Parmi les motifs qui peuvent faire defirer la libre fabrication & l'ufage des Toiles peintes en France , il en eft un bien puiffant & qui doit faire une vive impreffion fur tout homme né avec des fentimens humains ; c'eft la diminution des maux que la contrebande entraîne.

La contrebande en général eft d'un côté une caufe conftante de dépopulation , & de l'autre une caufe toujours préfente d'oifiveté , qui arrache un grand nombre d'hommes à des travaux utiles.

C'est une chose étonnante, qu'on
fasse si peu d'attention à cette vérité, que la contrebande est une cause
constante de dépopulation chez
nous. Le contrebandier pris est un
homme perdu pour l'état, & avec
lui ses complices, qui ou périssent
bien-tôt comme lui, ou craignant
un pareil sort, se hâtent de passer
à l'étranger. L'apât du métier tente
bien-tôt une nouvelle troupe qui
remplacée par les mêmes motifs,
est bien-tôt dispersée par les mêmes
raisons. La contrebande est une guerre continuelle sur nos frontieres &
dans l'intérieur du Royaume, qui
coûte la vie & la liberté à une infinité de sujets du Roi. Un relevé
très-exact pris aux Fermes, connu
de quelques personnes, & qu'on peut
vérifier, présente pendant l'espace
de trois baux, à compter de 1726,

seize mille hommes perdus par la fuite, pendus, envoyés aux galeres, ou morts les armes à la main pour le fait de la contrebande. Dans une ville du Royaume où est établie une Chambre ardente, j'ai entendu un homme dire de sens froid, que la Commission y juge ordinairement aux galeres ou à mort quelque cinquante hommes par an. *Notre président, ajoûtoit-il, n'entend pas raillerie ; depuis qu'il est en place, il a fait pendre plus de cinq cens coquins. Oh, la justice se fait bien ici ! avant l'établissement de la Commission on traînoit une affaire, on ne finissoit point ; aujourd'hui les choses vont beaucoup mieux.*

Ce discours est affreux sans doute; on me dispensera d'y joindre des réflexions qui se présentent naturellement.

L'autre tort immense que fait au Royaume la contrebande, c'est d'arracher à des travaux utiles, & ceux qui la font & ceux qui travaillent à l'empêcher. Combien de gens de la campagne abandonnent la culture des terres, pour vivre de ce métier lucratif, tandis que d'un autre côté des milliers de Commis répandus dans le Royaume, font enlevés auffi à l'Agriculture & aux Arts utiles. Il y a tel Directeur d'un feul Bureau qui a cinq & fix cens hommes fous fes ordres, citoyens qui n'ont d'autre occupation que celle de foutenir contre d'autres citoyens une guerre continuelle.

Cette multitude d'hommes perdus pour l'Agriculture & les travaux utiles, ruinés, expatriés, envoyés aux galeres, punis du dernier fupplice, forme fans doute un fpectacle bien plus affligeant pour l'humanité, & tout autrement intéreſſant pour l'état, que celui qu'on nous préſente d'un nombre d'ouvriers en ſoie ou en cotonnades, qui ſeront deſormais obligés de fabriquer de la Toile, de travailler à la terre, ou de chercher d'autres occupations. Les Fabriquans voudront-ils bien compter pour quelque choſe ces pertes ſi grandes & ſi réelles, & nous permettre de les mettre en oppoſition avec celles qu'ils font valoir avec tant d'emphaſe?

On nous dira peut-être que les Toiles peintes & les étoffes étrangeres ne ſont pas la ſeule choſe dont on faſſe la contrebande, & qu'on ne peut pas par conſéquent faire valoir contre la prohibition des Toiles, tous les maux qu'entraîne la contrebande en général.

Mais je répons que la contrebande des Toiles peintes est à elle seule un objet aussi considérable que celle du sel & du tabac : d'où il suit que la prohibition des Toiles entre pour beaucoup dans les causes des maux dont nous nous plaignons. Or en réduisant la perte d'hommes que cause la seule défense des Toiles à la moitié, & si l'on veut au tiers de ce que nous venons de calculer, il restera encore aux Fabriquans une terrible objection à résoudre, & aux Hommes d'Etat une raison bien puissante pour supprimer une défense qui cause tant de maux.

Ajoûtons à cela qu'en multipliant les objets de contrebande, on augmente & on facilite celle de chaque objet particulier, par la facilité que les Contrebandiers de différentes espèces de marchandises ont de s'as-

sembler en force , de s'assortir , &c.
comme le Commerce est plus floris-
sant-là où il y a une plus grande quantité de Marchands , & une plus grande facilité de s'assortir : témoin Man-
drin & sa troupe.

CHAPITRE IX.

Autres avantages de la libre fabrication
& de l'usage des Toiles.

NOus parcourrons rapidement
plusieurs autres avantages de
la libre fabrication & de l'usage des
Toiles peintes , parce qu'ils sont
manifestes & ne peuvent guere être
révoqués en doute.

1°. L'exportation de l'espece sera
moindre : on évalue à 18 ou 20 millions, ce qui sort d'argent du Royaume pour la seule consommation de

Toiles peintes : fi on joint à cela ce qu'il nous en coûte pour les Toiles de coton en blanc que nous tirons de l'Inde par notre Compagnie, & la quantité confidérable de Toiles auffi en blanc que les Etrangers nous fourniffent, on concevra que cette exportation eft un objet de la plus grande importance, & qui mérite toute l'attention du Gouvernement. Il eft clair que fi nous commençons à en fabriquer nous - mêmes, nous nous pafferons bien-tôt de celles de l'Etranger, & cette exportation fi confidérable d'efpeces pourra être arrêtée.

2°. A la faveur de la fupériorité de nos deffeins, nous parviendrons peut-être à exporter des Toiles. Rien ne nous interdit cette efpérance, & tout nous autorife à la former. Les Syndics de la Chambre du Commerce de Normandie nous opposent qu'il y a des Toiles dans toutes les parties de l'Europe où nous pourrions en porter. Mais il y a aussi des étoffes de soie, & cependant nous exportons nos étoffes de soie; il y a des Toiles, mais nous pouvons espérer de soutenir la concurrence de celles qui y sont, soit par le bon marché, soit par le meilleur goût des nôtres, & quoique les fabrications de même espece y soient établies; comme les Anglois & les Hollandois en exportent en Allemagne, où cependant on imprime & on teint.

Ces Messieurs ajoutent que *les Hollandois baisseront & régleront le prix des Toiles à leur gré, sauf à reprendre sur celui des épiceries dont ils sont les maîtres, & que nos Toiles ne pourront jamais soutenir la concurrence des leurs.*

Les Hollandois sont sans doute des rivaux bien dangereux en matiere de Commerce; parce qu'ils l'ont toujours conduit par des principes opposés à ceux que nous avons suivis, & à ceux que soutiennent les Fabriquans dans cette question. Mais nous ne devons pas desespérer pour cela de leur disputer l'empire du Commerce, si nous voulons ranimer chez nous cette partie du Corps politique que nous laissons dans la langueur : d'ailleurs avec toute leur supériorité dans le Commerce, ils ne peuvent pas fixer à leur gré le prix des Toiles. C'est une imagination qu'on ne sauroit pardonner à des Négocians, que de penser que les Hollandois peuvent un beau matin vendre leurs draps & leurs toiles la moitié moins, sauf à vendre leur poivre & leur gérofle beaucoup plus cher ; & puis nous porterons nos Toiles dans les endroits où les Hollandois ne portent pas les leurs.

3°. L'établiſſement des Manufactures nous fournira l'aſſortiment de Toiles peintes qui nous eſt néceſſaire pour le commerce de Guinée , & nous ne ſerons pas obligés de recourir aux Etrangers pour cet objet. Les Syndics de la Chambre du Commerce de Normandie, que je prens à partie plus ſouvent que les autres, parce que leur Mémoire eſt plus détaillé , quoiqu'il ne ſoit pas beaucoup meilleur que les autres , diſent d'abord que c'eſt un objet de la plus petite importance ; qu'il ne faut compter que ſur le pied de 750 mille livres au total & tout compris , dont il faut déduire 500 mille livres pour l'achat des Toiles en blanc, qui doivent être néceſſairement tirées de l'Inde , &

dont le prix n'est pas en bénéfice pour nous : mais outre que cette réduction est outrée, ces Messieurs supposent bien faussement qu'on tirera ces Toiles de l'Inde ; nous les fabriquerons, & nous gagnerons à les fabriquer. Les neganepos & les bajutapos de Rouen n'ont-ils pas fourni à l'assortiment de notre traite des Noirs, & soutenu la concurrence de celles de l'Inde ? Si une Manufacture n'y pouvoit suffire, plusieurs y suffiront ; on n'a qu'à les laisser établir.

4°. Outre l'exportation que nous pouvons faire pour la traite des Noirs, nous en avons une considérable dans nos Isles françoises de l'Amérique ; le peuple & les Noirs y sont habillés de Toiles de coton, que nous tirons de l'Inde : si nous les fabriquons, nous les leur fournirons immédiatement ; la seule différence du fret de l'Amérique à celui des Grandes-Indes, nous donnera la facilité de les établir à meilleur marché.

Voilà une exportation aisée pour nous, que les Etrangers nous enlevent toute entiere, dans laquelle nous n'aurons pas de rivaux, & qu'il est de notre intérêt de nous ménager.

5°. Selon les Syndics de la Chambre du Commerce de Normandie, *nous ne devons point perdre de vûe que l'emploi du coton en Europe est presque dévolu à la France par la fertilité, ainsi que par l'excellence des Colonies françoises en cette production. On ne peut donner trop d'encouragement aux fabriques du Royaume occupées à mettre en œuvre cette matiere, que leur industrie convertit en or pour l'Etat.*

Or en proposant l'établissement
des

des Manufactures de Toiles peintes, c'est précisément un nouvel emploi du coton qu'on propose, c'est un moyen de mettre en œuvre une plus grande quantité de cette matiere, & de la convertir en or pour l'état. Ces Messieurs nous fournissent des armes contre eux-mêmes.

6°. Depuis trop long-tems toutes les Manufactures sont concentrées dans les grandes villes, ou celles qui sont encore restées entre les mains des gens de la campagne, comme les Manufactures de Toiles en Bretagne & en Normandie, sont resserrées dans de certains arrondissemens fort bornés par les Bureaux de marque, & d'autres entraves qu'on a données à l'industrie. De-là il arrive que l'industrie ne peut s'étendre à l'aise dans la campagne, & chercher le sol qui seroit le plus favorable à son accroissfement ; de-là deux grands maux que déplorent tous les efprits éclairés & tous les cœurs citoyens : la mifere des campagnes , & le dépeuplement qui en eft la fuite.

L'établiffement des nouvelles Manufactures , la filature du coton , la fabrique & l'impreffion même des Toiles , placées dans les campagnes, pourront contribuer , au-moins en partie , à y rapporter un peu d'aifance , & à y foutenir la population ; fur-tout fi on affranchit ce genre d'induftrie de toute efpece de contrainte , il faudra un grand nombre d'ouvriers, des fileufes, des Tifferans, &c. Ces ouvriers vivront à la campagne & dans les plus petites villes de Provinces. La filature du coton & la fabrique des Toiles occuperont même le cultivateur dans les faifons où la terre n'a pas befoin de fes foins , &

dans tous les tems sa femme & ses enfans. Les Manufactures de soie établies dans les grandes villes, ne présentent point tous ces avantages. Les Fabriquans de Lyon nourrissent les ouvriers en soie dans les cessations de travail : cet exemple est bien louable sans doute ; on ne peut qu'approuver cette charité bienfaisante, à la considérer du côté de la religion & de l'humanité : mais c'est assûrément une grande faute en politique, que d'entretenir des hommes oisifs aux dépens des revenus municipaux ; puisque après tout ce sont toujours ceux qui travaillent qui nourrissent ceux qui ne font rien. La ville de Lyon sentira toute la grandeur de cette faute, lorsqu'elle se verra obligée de supprimer des secours qu'elle aura rendus nécessaires, & qu'elle sera dans l'impuissance de fournir.

Ce tems n'eſt peut être pas bien éloi-
gné. On propoſe déjà au moment
où je parle, de diſcontinuer la diſtri-
bution du pain, qui a coûté à la ville
plus de 600 mille livres depuis le
commencement de la guerre : mais
cette faute & la néceſſité qui l'a fait
commettre, n'auroit pas lieu dans
des Manufactures établies à la campagne, où l'ouvrier ſe familiariſeroit
à paſſer alternativement du travai
de la terre à ſon métier. C'eſt ainſi
que les payſans de l'état de Gênes
fabriquent dans leurs chaumieres ces
beaux velours unis qui l'emportent
ſur les nôtres que nous faiſons pourtant dans les villes, & que le ſéjour
de leurs fabriques à la campagne y
ſoutient l'Agriculture & la population.

Ainſi on ne ſauroit rien compren-
dre à ce que diſent les Syndics de la
Chambre du Commerce de Norman-

die. La Loi prohibitive est à leur avis
*une Loi adaptée à la constitution de
l'Etat, Etat monarchique à qui il faut
des hommes pour sa force* ; & la Loi
contraire *nuiroit à la population dont
l'Etat a besoin.*

Voilà assûrément une plaisante
politique ; comme si les Républiques
avoient moins besoin d'hommes que
les Monarchies. Mais peut-on avancer qu'une Manufacture de plus diminuera le nombre des hommes :
au contraire une Manufacture comme celle des Toiles, qui se répan-
droit aisément à la campagne & loin
des grandes villes, où l'ouvrier est
perdu pour l'Agriculture & ordinai-
ment célibataire ; une telle Manufacture seroit, comme nous venons
de le voir, très utile à la population.

7°. Nous avons des Provinces en-

tieres, comme la Lorraine, l'Alsa-
ce, la Franche-Comté, dépourvues
de Manufactures. Des Fabriques de
Toile peinte pourroient y prospérer
& s'y étendre. Ces Manufactures établies ainsi sur la frontiere, seroient
une barriere à l'introduction des toiles étrangeres, & pourroient en s'ag-
grandissant parvenir dans la suite à
verser leurs ouvrages chez les Etrangers. La Lorraine en particulier où
il n'y a aucun genre d'industrie, où
plusieurs autres Manufactures n'ont
pas pû prendre racine, se trouveroit
très-bien d'un semblable établissement; & comme nous l'avons remarqué plus haut, il n'est pas juste
de sacrifier au Lyonnois ou à la
Normandie, Provinces déjà riches
& qui trouveront toujours des ressources suffisantes dans leur situation
& dans le génie industrieux de leurs

habitans ; il n'est pas juste de leur sacrifier d'autres Provinces, qui reti-
reront de grands avantages du nouvel établissement.

CHAPITRE X.

Que la libre fabrication des Toiles en
France ne sera pas suivie d'une
introduction extraordinaire des
Toiles étrangeres.

NOus ne nous flattons pas avoir
mis sous les yeux de nos lecteurs tous les avantages que nous
retirerons de la libre fabrication &
de l'usage des Toiles peintes ; l'expérience seule pourra nous les montrer, comme elle les a fait connoître
aux Nations de l'Europe, qui ont fait

de plus grands progrès dans le Commerce.

Mais il nous reste à resoudre ici une grande difficulté qui, si elle étoit solide, renverseroit tout ce que nous venons d'établir. Il faut convenir avec MM. les Marchands, que la plus grande partie des avantages que nous prétendons devoir suivre de la libre fabrication deviendroient nuls, si cette libre fabrication devoit être suivie d'une introduction extraordinaire des Toiles étrangeres; puisqu'alors le vuide existant dans nos Manufactures seroit rempli par eux, notre argent sortiroit du Royaume, &c. Aussi dans tous les Mémoires nous voyons qu'on insiste fortement sur cet article : il est donc nécessaire que nous nous y arrêtions aussi, & que nous fassions voir que cette introduction

troduction extraordinaire & confidérable ne fuivra point l'établiffement des nouvelles Manufactures.

Je trouve deux moyens efficaces & praticables pour empêcher cette introduction extraordinaire. Le premier eft la prohibition à l'entrée du Royaume feulement, jointe à la libre fabrication dans l'intérieur. Le deuxieme feroit l'établiffement d'un droit fur les Toiles étrangeres, en permettant leur entrée dans le Royaume. Faifons d'abord quelques réflexions fur le premier de ces moyens.

1°. On peut dire qu'en laiffant fubfifter la prohibition à l'entrée du Royaume feulement, & en permettant l'ufage & la fabrication, il s'introduira moins de Toiles en France qu'il ne s'en introduit dans l'état préfent des chofes. La raifon de cela eft

R

que la contrebande diminue en même raiſon que l'intérêt qu'on trouve
à la faire. Or il eſt évident qu'auſſi-
tôt que nous fabriquerons nous-mêmes des Toiles, on trouvera moins
d'intérêt & de gain à importer celles
de l'Etranger : au contraire, ſi nous
n'en fabriquons point, il y a un aſſez
grand intérêt à la contrebande pour
en balancer les riſques.

2°. La fabrication de l'étoffe qu'on
craint de voir introduire, eſt en général la plus forte barriere qu'on puiſſe
oppoſer à l'introduction. On verſe en
France beaucoup de Toiles, parce
que nous n'en faiſons point ; & on en
introduira beaucoup moins, ſi nous
en faiſons; & il ne faut pas plus défendre d'en fabriquer pour empêcher
qu'on n'en importe du dehors, que défendre le drap & les ſoieries, de peur
que les Etrangers ne nous en four-

niffent. Le Peuple & une Nation entiere confomme volontiers les étoffes qui font fous fa main, & ne fe porte pas à une confommation étrangere, lorfqu'on lui fournit un équivalent ; mais fi cet équivalent manque , la production étrangere s'introduira : or on ne peut pas regarder comme un équivalent de la Toile peinte aucune des productions de nos Manufactures ; elles font toutes d'efpeces abfolument différentes. Il n'y a donc que la fabrication même des Toiles en France , qui puiffe fournir cet équivalent à la Nation.

3°. Si on pouvoit craindre avec quelque fondement une introduction extraordinaire des Toiles étrangeres après qu'on aura établi la libre fabrication, cette crainte ne peut regarder que les Toiles communes , ou les Toiles de qualité fupérieure. Nous avons prouvé que dans les qualités communes nous pouvions soutenir la concurrence des Toiles étrangeres ; ainsi le Peuple ayant sous sa main cette étoffe qu'il desire, le Fabriquant ayaut un grand intérêt à la lui faire acheter, & cette étoffe etant à aussi bon marché (je pourrois dire à meilleur marché) que la Toile étrangere, il est plus que probable que notre Toile s'achetera, & que la Toile étrangere ne s'introduira point en grande quantité.

Quant aux Toiles de qualité supérieure, tout le monde conviendra que l'usage en est impossible à empêcher, parce qu'il est propre aux gens riches. Ainsi cette consommation demeurera toujours à-peu-près la même.

Ajoutons que les Toiles fines étant bien ou mal imitées par nos Manufactures, & devenant par-là un peu plus communes dans les personnes d'un état inférieur, les personnes aisées en consommeront moins. Autre raison qui diminuera l'introduction.

Enfin la plus grande perfection des Toiles fines étrangeres, si tant est que nous ne pussions pas y atteindre, n'augmenteroit pas beaucoup l'introduction ; comme la supériorité des chapeaux & des draps anglois sur les nôtres, la perfection de leurs étoffes unies en soie, qui l'emportent de beaucoup sur celles de nos Fabriquans, ne font pas que nous tirions d'Angleterre beaucoup de chapeaux, beaucoup de draps, & beaucoup d'étoffes unies.

Mais un deuxieme moyen plus efficace seroit de mettre un droit à l'entrée du Royaume sur les Toiles étrangeres. Cette pratique est con-

R iij

forme aux vrais principes de Commerce. Ce droit seroit de quelque importance pour le Roi, s'il étoit porté dans ses coffres, ou pour le Commerce, s'il étoit sacrifié au soûtien des anciennes Manufactures & à l'accroissement des nouvelles. Quelque usage qu'on en fît, il diminueroit la consommation & l'introduction des Toiles étrangeres, & donneroit aux nôtres un avantage dans la concurrence.

Ce moyen seroit peut-être préférable au premier pour plusieurs raisons. En effet, quoique la prohibition, jointe à la libre fabrication dans le Royaume, soit un moyen efficace d'empêcher l'introduction extraordinaire, elle n'est cependant pas sans quelques inconvéniens.

La prohibition en général augmente le goût pour les étoffes pro-

hibées ; & telle étoffe dont l'introduction eſt défendue , & à laquelle
on court avec avidité , ne ſeroit ſouvent achetée de perſonne , ſi l'uſage
en étoit permis. Un uſage libre &
ſuivi d'une étoffe étrangere , ramene
ordinairement aux étoffes nationales
qu'on a ſous la main, & qu'on peut ſe
procurer plus facilement , ſur leſ-
quelles on a plus de liberté dans le
choix , *&c.* La prohibition en entre-
tenant le goût pour les étoffes étrangeres en ſoutient auſſi le prix , & par
conſéquent l'intérêt qu'on a d'en introduire.

La prohibition n'empêche pas l'u-
ſage de l'étoffe prohibée, même lorſque cette étoffe eſt ſaiſie ; ceux entre les mains deſquels elle parvient ,
ne ſe déterminent jamais à la brûler,
ainſi elle ne fait que changer de maître ; & au lieu d'être employée par

R iiij

le particulier qui la faisoit venir, ou qui l'auroit achetée du Marchand, elle fert à habiller d'autres femmes, & à meubler d'autres appartemens ; & ce n'eft pas une Loi qu'on puiffe faire obferver, que celle qui ordonne de brûler l'objet de la confifcation. Que fi on veut faire fortir ces étoffes du Royaume avec un acquit à caution pour être vendues à l'Etranger, les précautions qu'on prend pour cela font ordinairement éludées. J'en appelle aux gens inftruits de ces détails.

De-là il arrive que dans le cas de la prohibition, & les étoffes faifies & celles qui ne le font pas, font un tort égal à nos Manufactures.

La prohibition a encore cet inconvénient, qu'elle laiffe toujours fubfifter la contrebande. L'intérêt d'éluder la loi prohibitive eft tou-

jours plus grand que celui de frauder un droit modique. Pour frauder
le droit, on court le même risque que
pour introduire la Marchandise prohibée : mais comme on peut s'affranchir de ce risque là en payant le droit,
on aime mieux s'y soûmettre ; au
lieu que la prohibition rend la frau-
de nécessaire : on ne plaint pas alors
ce qu'il en coûte pour une assûran-
ce, pour corrompre un commis, *&c.*
on en est dédommagé par l'acheteur,
à qui on fait payer toutes ces difficultés ; & la contrebande continue
de se faire.

Ainsi ce seroit une bonne loi politique de ne prohiber absolument
aucune espece de production étrangere, & de mettre un droit à la place de la prohibition. L'état retire-
roit bien plus d'avantage d'un droit
modique exactement payé, qui di-

minue sûrement l'introduction en enchérissant la Marchandise étrangere, que d'une prohibition qui n'empêche jamais bien l'introduction. Peut-être adopterons-nous un jour cette méthode, quand devenus plus éclairés en matiere de Commerce, nous serons devenus moins timides.

Toutes ces raisons doivent faire sentir qu'il ne faudroit pas que le droit dont nous parlons fût exorbitant, parce qu'alors il équivaudroit à une prohibition, & auroit les mêmes inconvéniens; personne ne se soumet à payer un droit excessif. En établissant le droit, il faudroit avoir égard à ce que coûteront les Toiles peintes fabriquées dans le Royaume; & il faudroit que ce droit fût assez considérable pour donner aux Toiles que nous fabriquerions, un avantage marqué dans la concurrence avec celles qu'on voudroit introduire. On pense, qu'un droit de 10 ou 12 pour 100, seroit plus que suffisant pour donner à nos Toiles cet avantage, & pour empêcher que l'introduction étrangere ne soit considérable. Mais cette fixation étant de quelque importance, il faudroit consulter sur cela des gens instruits.

Enfin quelque moyen qu'on choisisse des deux que nous proposons ; ou la prohibition jointe à la libre fabrication (car la prohibition séparée de la fabrication n'empêche pas l'introduction) ; ou le droit modéré (car le droit exorbitant équivaut à la prohibition), on parviendra toujours à empêcher l'introduction extraordinaire des Toiles étrangeres : & par conséquent cette introduction ne suivra pas de l'établissement des nouvelles Manufactures.

CHAPITRE XI.
Réflexions générales.

LE système de la liberté du Commerce est lié dans toutes ses parties, ensorte qu'on ne sauroit en admettre une portion & rejetter l'autre ; c'est ce qui fait que les gens à préjugés tiennent bon même sur les questions dans lesquelles la vérité se montre dans tout son jour, parce qu'ils sentent bien que s'ils se laissent entamer par un côté, ils seront bien-tôt obligés de céder sur tout. Cependant il y a telle question particuliere de Commerce, dans laquelle il n'est pas possible de ne pas reconnoître l'utilité & la nécessité du principe de la liberté. Tôt ou tard, après l'avoir combattu avec la plus grande obstination, on se verra

contraint par la force de l'évidence
& de la vérité, à le suivre dans la
décision de quelqu'une de ces questions. Alors on verra tomber le voile
qui cache encore à beaucoup de gens
ce grand principe de l'administra-
tion, que l'industrie d'une multitude
d'hommes animée par la concurrence & la liberté, va au bien général plus sûrement que conduite &
dirigée par les spéculations les plus
sublimes.

Dans toute espece d'affaire, &
singulierement en matiere d'admi-
nistration politique, on voit bien
mieux & plus facilement les obstacles que les ressources. Les obstacles sont dans les choses qui sont
sous nos yeux, les ressources sont
dans l'humaine industrie. Or l'industrie ne va à son but que par une mar-
che lente & cachée ; elle avance

souvent un pied sans savoir où elle portera l'autre ; mille petits obstacles la détournent , & mille petits efforts la remettent dans la route. Loin de pouvoir la guider dans le chemin qu'elle se trace à elle-même, on ne s'aperçoit de celui qu'elle a parcouru , que lorsqu'elle touche presque au terme. De-là la nécessité de laisser agir l'industrie. Pour appliquer cette réflexion à la question que nous avons traitée dans ce petit Ouvrage, nous voyons des obstacles qui doivent traverser l'établissement qu'on propose , quelques inconvéniens qui doivent en suivre ; mais nous ne voyons pas toutes les ressources que l'industrie aura pour surmonter tous ces obstacles , ni tous les remedes qu'elle apportera à ces inconvéniens. Laissons donc agir l'industrie.

Un objet général, dit l'auteur éclairé de l'*Examen de la prohibi-tion*, &c. *fuffit à la prévifion du législateur, qui ne peut entrer dans des détails plus particuliers, fans de-venir inquifiteur, & fans courir le rifque de s'égarer dans le labyrinthe infini que forment les routes du Com-merce.* Cette maxime eft décifive en faveur des Toiles peintes. En effet on doit convenir qu'indépen-damment des détails qui prouvent les avantages de la libre fabrication & de l'ufage des Toiles peintes en France, il y a beaucoup de vûes fimples & générales qui conduifent à ce même réfultat, comme qu'il ne faut s'interdire aucun genre d'in-duftrie ; qu'il faut diminuer, autant qu'on peut, la main - d'œuvre, en fournissant au peuple les fubfiftan-ces à bon marché ; que nous pou-

vons permettre chez nous ce que
toutes les Nations de l'Europe per-
mettent chez elles fans nuire à leur
Commerce , &c. Ne font-ce pas-là
des vûes générales qui doivent fuffire à la prévifion du Légiflateur, &
qui fuffifent pour décider la queftion
en faveur des Toiles peintes?

Pour une Nation auffi induftrieu-
fe & auffi heureufement fituée que
nous le fommes, toute prohibition
nous eft defavantageufe. Il n'y a
point de prohibition qui ne tariffe
chez nous quelque genre de travail
qu'elle va fufciter chez l'étranger;
& le travail que nous nous interdi-
fons étouffe toujours chez nous une
fource de richeffes qui s'ouvre chez
nos voifins. C'eft parce que nous
ne fabriquons pas de Toiles peintes
ni de mouffelines , que ces genres
d'induftrie fe font accrus chez les
Suiffes,

Suisses, qui n'ont presque d'autre débouché que celui que la France leur
fournit. C'est parce que nous ne cul-
tivons pas le tabac dans nos Colonies, que les Colonies Angloises se
sont fortifiées par le tribut odieux
que nous leur payons depuis tant
d'années, & qu'elles se voyent en
état d'envahir les nôtres.

Jusques à quand notre ignorance
des vrais principes du Commerce
nous fera-t-elle mettre des obstacles
au libre essor de l'industrie? Mais que
dis-je, notre ignorance? nous les
connoissons ces principes, on les a
développés dans une infinité d'ouvrages; l'exemple des Nations voisi-
nes nous en montre les avantages.
Nous voyons la route, & nous nous
obstinons à n'y pas entrer. Il n'est
pas tems, dit-on, les circonstances
ne sont pas favorables; nous som-

mes dans un moment de crife. On
doit dire, au contraire : il eft toujours tems de faire le bien, il eft
toujours tems d'accorder au Commerce la liberté fans laquelle il languit. C'eft précifément parce que
notre Commerce éprouve cette langueur, qu'il faut l'animer par toutes
fortes de moyens, c'eft-à-dire par
la concurrence, par de nouveaux
genres d'induftrie, &c. Etions-nous
dans un moment de crife, il y a fept
& huit ans? les ennemis de la liberté du Commerce difoient alors : tout
va bien, il ne faut rien changer ; ils
difent aujourd'hui, tout va mal, il
ne faut rien tenter : jamais les cir-
conftances ne feront favorables à
leur avis, parce qu'ils auront toujours le même intérêt & les mêmes
préjugés.

CONCLUSION.

NOus avons prouvé,

1º. Qu'on peut opposer avec raison le vœu général de la Nation appuyé du suffrage de plusieurs personnes éclairées, aux craintes & aux plaintes des Marchands.

2º. Que les intérêts des Marchands sont souvent en opposition avec l'intérêt du Commerce en général.

3º. Que la plus grande partie des Marchands qui s'élevent contre la libre fabrication & l'usage des Toiles, n'y ont aucun intérêt véritable.

4º. Qu'on ne doit pas attribuer à l'usage des Toiles la langueur du Commerce en France.

5º. Qu'il est impossible, dans l'état présent des choses, d'empêcher l'introduction & l'usage des Toiles;

S ij

que les moyens que propofent pour
cela Meffieurs les Fabriquans, font
inutiles, odieux, & impraticables,
& que cette impoffibilité eft un motif fuffifant pour accorder la liberté
qu'on follicite.

6°. Qu'on peut fabriquer en France des Toiles peintes, en concurrence avec celles des Indiens & des Eu-
ropéans; & que nous pouvons réuf-
fir tant dans la filature du coton que
dans l'impreffion.

7°. Que les Manufactures établies
ne fouffriront pas beaucoup de l'u-
fage des Toiles; que quand celles de
foieries & de cotonnades en de-
vroient fouffrir, ce tort ne devant
affecter que les confommations intérieures, & ne pouvant pas tomber
fur l'exportation au-dehors, n'entraînera aucun inconvénient pour l'E-
tat; & que d'ailleurs ces deux Ma-

nufactures ne méritent pas la prédilection du Gouvernement, au préjudice de celles qui pourroient s'établir & devenir leurs rivales.

8°. Que ce tort sera de peu d'importance pour nos Fabriques de lainages legers, & qu'il ne sauroit être même sous ce rapport une raison suffisante de nous interdire un nouveau genre d'industrie.

9°. Que les nouvelles Fabriques ne causeront ni un grand vuide dans l'occupation de nos ouvriers, ni leur émigration.

10°. Que le vuide quel qu'il soit ne sera pas subit.

11°. Que cette fabrication nous apportera de grands avantages, & d'abord le bénéfice de la main-d'œuvre, & le bien des campagnes.

12°. Que l'usage des Toiles procurera ou le meilleur marché du travail de nos ouvriers, ou l'aisance du peuple.

13°. Que ce même usage diminuera les maux que la contrebande entraîne.

14°. Que beaucoup d'autres avantages suivront de cet établissement, comme l'emploi de la matiere premiere, la diminution d'exportation de l'espece, une nouvelle valeur pour les productions de nos Manufactures, le bien de plusieurs Provinces, &c.

15°. Que la libre fabrication ne sera pas suivie d'une introduction extraordinaire des Toiles étrangeres.

16°. Que beaucoup de principes généraux clairs & appuyés sur l'expérience de tous les Peuples commerçans, nous conduisent, aussi bien que tous les détails précédens,

à permettre la libre fabrication &
l'ufage des Toiles peintes.

Appuyée fur tant de preuves, la
queftion de la libre fabrication des
Toiles ne fauroit être problémati-
que , & il y a lieu de croire que le
Confeil fe déterminera à la permettre. On peut dire avec vérité que
c'eft le vœu de la Nation.

On demande donc :

1°. Qu'il foit permis de fabriquer
en France des Toiles de coton, de les
peindre , & de les imprimer à l'imitation de celles des Indes , en y met-
tant telles marques & lifieres qu'il
plaira au Confeil d'ordonner.

2°. Qu'il foit permis de les vendre
& de les confommer.

3°. Qu'il foit établi un droit fur
les Toiles étrangeres imprimées , &
même fur celles en blanc , pour favorifer & les fabriques & les impri-

meries nouvelles, & pour empêcher l'introduction extraordinaire des Toiles étrangeres, ou qu'au défaut de ce droit on laisse subsister la prohibition à l'entrée du Royaume seulement.

Nous recueillerons bien-tôt les fruits d'un établissement aussi utile aux progrès de notre industrie & de notre Commerce.

ADDITION

ADDITION.

ON achevoit d'imprimer ce petit Ouvrage, lorsqu'il nous est tombé entre les mains un papier intitulé, *Réflexions sur l'objet des Mémoires répandus dans le Public, concernant la permission de l'usage des Toiles peintes.* Comme on y combat les principes que nous avons employés, nous nous croyons obligés d'y faire une courte réponse. Nous ne nous arrêterons point aux objections que nous avons résolues d'avance, & qui sont répandues dans les autres Mémoires.

Sans entrer, dit-on, *dans le mérite des moyens* (des Fabriquans) .... *il y a grande apparence que leur mal sera celui de l'Etat.*

Je répons qu'il faut entrer dans

T

l'examen de ces moyens ; c'eſt ce que nous avons fait ; & c'eſt d'après cet examen que nous avons trouvé qu'il n'y auroit pas grand mal pour les Manufactures établies, à permettre l'uſage des Toiles, & que le mal qu'elles pourroient en reſſentir, quel qu'il ſoit, ne ſera pas celui de l'Etat.

Les gens qui ſe plaignent connoiſ-ſent en quoi conſiſte la ruine de leur Commerce ; la théorie ne verra jamais auſſi clair ſur cela que la pratique.

Si ces Meſſieurs connoiſſent en quoi conſiſte le bien de leur Commerce, ils peuvent ne ſe pas connoître à ce qui peut faire le bien du Commerce en général ; & ſur cette queſtion, une théorie éclairée vaut mieux que toute leur pratique.

Il eſt inutile de dire que ſi l'Etat perd d'un côté, il gagnera de l'autre... Qu'importe à l'équipage d'un Navire qui périt, que le propriétaire l'ait fait assurer ou non ?

L'auteur suppose que le Navire périt ; c'est supposer la question.

L'intérêt personnel de vingt ou trente mille personnes, peut-être de cent & deux cents mille personnes, celui de plusieurs Provinces, &c. peuvent-ils être regardés comme intérêt particulier, dans quelque degré qu'on le suppose ?

Oui, si l'intérêt de ces deux cents mille personnes est opposé à l'intérêt de quinze ou dix-huit millions d'autres citoyens, & si le bien-être de deux ou trois Provinces est opposé à celui de vingt autres.

La prohibition des Toiles peintes a favorisé jusqu'à-présent les progrès de nos Manufactures.

Je réponds. Cette prohibition n'a rien favorisé, puisqu'elle a été toujours fort mal exécutée ; elle a bien plûtôt augmenté le goût & le prix des étoffes prohibées, que favorisé nos Manufactures. Elle n'a point servi à augmenter l'exportation, qui est la vraie source des richesses pour l'état, mais seulement la consommation intérieure, dont on devroit desirer la diminution ; & d'un autre côté, elle a causé l'exportation de l'espece, & beaucoup d'autres maux.

Pour pouvoir accorder la liberté de l'usage & de la fabrication des Toiles, il faut que le profit qui en reviendra soit durable, certain, & considérable. Or la perte est irréparable & le gain passager ; la perte existe déjà, & le gain est douteux ; la perte ira en augmentant, & le gain sera borné ; enfin cette perte en occasionnera d'autres, au lieu que ce profit est isolé & ne tient à rien.

Je répons. On n'aura point de perte à réparer, & le gain sera cons.

tant. La perte qui exifte dans les
Manufactures établies doit être attribuée à d'autres caufes qu'à l'ufage des Toiles ; ce n'eft pas un gain
douteux mais très-certain, que celui qu'on efpere du nouvel établiffement ; ou au-moins c'eft la queftion
dont il s'agit ici, & que l'auteur des
Réflexions fuppofe : la perte qui pourra en réfulter diminuera tous les
jours, loin d'aller en augmentant,
par diverfes raifons que nous avons
données. Quand le gain feroit borné, s'il eft certain, il ne faudroit pas
le négliger. Mais d'ailleurs il n'aura
d'autres bornes que celles de l'induftrie, qui n'en connoît pas lorfqu'-
on ne veut pas l'enchaîner. Nous
exporterons nos Toiles de coton
peintes, malgré celles des étrangers ; nous imprimerons & nous
peindrons nos étoffes de foie & nos

Toiles de lin : voilà un gain qui
n'est pas borné. Enfin on ne voit pas
quelles pertes éloignées peut ame-
ner la fabrication des Toiles peintes en France ; & cette crainte va-
gue d'une perte éloignée qu'on ne
prévoit point, n'est pas une raison
suffisante pour mettre obstacle au
nouvel établissement.

Supposons, continue l'auteur, *qu'on
permette la fabrication & l'usage des
Toiles ;*

*Supposons encore que les Toiles pein-
tes obtiennent tout le succès désiré.*

*Faisons enfin une troisieme supposi-
tion, que la mode des Toiles peintes
passe au bout d'un certain nombre
d'années. Dans toutes ces supposi-
tions, si on vouloit revenir aux Manufactures de Lyon & de Rouen, on
les trouveroit éteintes ou dans un état
de dépérissement ; & le mal seroit irré-*

parable & beaucoup plus grand que le bien : d'où il suit que quand la vrai-semblance seroit égale des deux côtés, il ne faudroit pas fabriquer des Toiles peintes.

Je répons, 1°. Le succès que les Manufactures de Toiles peintes peuvent obtenir ne sera jamais assez grand pour empêcher la consomma-tion d'une grande quantité des étof-fes des autres Manufactures dans le Royaume ; & d'ailleurs ce succès n'empêchera point les exportations. Ainsi il est faux qu'au cas que le changement de mode détruisît dans la suite les Manufactures de Toiles peintes, on trouvât les autres Ma-nufactures éteintes & dans un état de dépérissement. 2°. La mode d'u-ne étoffe portée par toute une na-tion, & sur-tout par le peuple, ne passe pas en une année. De pareils

changemens ne peuvent être qu'-
insensibles : or si on se dégoûtoit
des Toiles peu-à-peu, les autres Manufactures se releveroient aussi peu-
à-peu de cet état de langueur qu'on
suppose. Les métiers d'autres étoffes
se multiplieroient en même raison
que la consommation des Toiles diminueroit, & le mal se répareroit
insensiblement & par degrés. 3°. La
vrai-semblance n'est point égale des
deux côtés, entre l'opinion de ceux
qui soutiennnent l'utilité de la prohibition des Toiles, & l'opinion contraire que nous avons établie dans
cet Ouvrage : ainsi l'auteur fait encore ici une supposition tout-à-fait
fausse, ou au-moins il suppose encore la question. 4°. Il n'y a point d'é-
tablissement utile pour peu qu'il
entraîne quelque inconvénient, auquel on ne pût opposer le raisonne-

ment de l'auteur, on pourra toujours dire : *Je suppose que le nouvel
établissement réussisse, que les anciens
en souffrent, & qu'ensuite on se dé-
goûte du nouveau, dans ces supposi-
tions on voudra revenir aux anciens,
mais le mal sera irréparable.* Si ce raisonnement étoit juste, il ne faudroit
jamais recevoir un nouveau genre
d'industrie ; il ne faudroit jamais élever une nouvelle Manufacture ; & il
faudroit regarder comme un axiome
en politique, la maxime, *tout est
bien.*

*Le Commerce est dans un état de
langueur ; si l'on décidoit aujourd'hui
en faveur des Toiles peintes, la commotion mettroit le malade à l'extrémité.*

Quelle commotion peut ressentir
le Commerce de l'établissement de
sept ou huit Manufactures de Toiles
peintes dans le Royaume, en sup-

poſant qu'on empêche l'introduction extraordinaire des Toiles étrangeres par les moyens que nous avons indiqués ? La commotion eſt toute donnée , puiſque tout le tort que peuvent faire les Toiles à nos Manufactures, eſt déjà fait. Si la fabrication dans l'intérieur perpétuoit ce tort-là , encore vaudroit-il mieux qu'il vînt de cette cauſe , que de l'introduction étrangere , parce que dans le premier cas, la fabrication dans l'intérieur faiſant un vuide dans nos Manufactures, c'eſt nous qui le rempliſſons , & non pas les étrangers.

Au reſte , y a-t-il néceſſité , quand on ſuppoſeroit cette opération la meilleure du monde , de la faire à-préſent ? n'y reviendroit-on pas dans un tems plus calme & dans des conjonctures plus heureuſes ? Il ne faut pas ceſſer d'être bien , pour vouloir être mieux.

Voilà le langage de la timidité, qui veut passer pour circonspection. Si cet établissement est utile, pourquoi remettre à un autre tems à en recueillir les fruits ? D'ailleurs si les conjonctures ne sont pas heureuses pour les Manufactures, elles sont heureuses pour le peuple, qui fatigué plus que les Manufactures par les suites nécessaires de la Guerre, a besoin de ce soulagement, & qui trouvera du travail & des ressources dans ce nouveau genre d'industrie. Quant à ce qu'on dit, qu'il ne faut pas cesser d'être bien pour vouloir être mieux, je remarque que cet état de *bien* qu'il ne faut pas troubler, n'est point l'état actuel des Manufactures, puisqu'on se plaint de leur situation. C'est donc l'état florissant dans lequel elles se trouvoient avant la guerre, par

exemple, qu'il ne faudroit pas troubler, quand les Manufactures reviendroient à cet état. D'où je conclus,
que quand les Manufactures seroient
florissantes, ces Messieurs s'oppose-
roient encore à l'établissement des
Manufactures de Toiles peintes ; &
que ce n'est pas sérieusement qu'ils
disent qu'on pourroit y revenir dans
des conjonctures plus heureuses. Ils
diroient alors , que c'est une folie
*de cesser d'être bien , pour vouloir être
pieux.*

F I N.

www.ingramcontent.com/pod-product-compliance
Lightning Source LLC
LaVergne TN
LVHW021653060726
842527LV00003B/887

9 782329 269382